LA PROVENCE

ESSAIS POÉTIQUES

SUR

SES VILLES, SES GRANDS HOMMES, SES MONUMENTS
SES SITES, SA VIE RUSTIQUE

SUIVIS DE

SOUVENIRS D'ITALIE ET DE LA SUISSE

PAR

Marius BONNEFOY

AIX

IMPRIMERIE J. NICOT, RUE DU LOUVRE, 16

1878.

UN MOT DE PRÉFACE

Je vous dois quelques mots de préface, ô lecteur.
J'entreprends de chanter notre belle Provence ;
Chanter ?... c'est, je l'avoue, un grand mot que j'avance.
Que du sujet ma voix se trouve à la hauteur,

Croyez-le bien; ce n'est pas là ce que je pense.
Je ne viens point ici me poser en auteur ;
Mais si pour mon pays je fais battre un seul cœur,
Je ne demanderai pas d'autre récompense.

En peignant ses héros, ses monuments divers,
Ses villes et ses champs tantôt secs, tantôt verts,
J'aurais pu me servir du poëme ou de l'ode ;

J'ai choisi le sonnet, comme étant plus commode,
Familier, circonscrit dans ses quatorze vers;
Et puis, autre raison, c'est qu'il est à la mode.

LA PROVENCE

(Sa position géographique)

—

Sa place est admirable, unique... Elle est bornée
Au nord, ainsi qu'à l'est, par l'immense gâteau
De ces fiers monts alpins dont l'aspect est si beau
Et la cime toujours de neige couronnée.

Au sud, c'est le lac bleu, la Méditerranée;
Du côté du couchant la plaine de la Crau,
Des mirages offrant le merveilleux tableau
Quand, l'été, du soleil elle est illuminée.

D'élégantes cités couvrent le littoral
Où viennent expirer le Rhône et la Durance;
Un ciel splendide et pur, et presque oriental,

Des champs tout embaumés... Voilà notre Provence
Qui serait bien le plus charmant pays de France
Si l'on pouvait un jour en bannir le mistral !

LA PROVENCE
VUE A VOL D'OISEAU

SUR LA MONTAGNE DES ALPINES

Cette montagne a dû, comme Sainte-Victoire,
Des barbares du Nord voir l'exterminateur,
Et si d'elle n'a pas autant parlé l'histoire,
Elle ne laisse point d'avoir quelque grandeur.

Pour la taille et le port, elle égale sa sœur ;
Des stéppes de la Crau superbe promontoire,
Sa pointe nous devant servir d'observatoire,
Ensemble nous allons l'escalader, lecteur.

Nous voilà sur le pic. Quelle étendue immense,
Et quel panorama ! C'est toute la Provence,
Dont l'œil facilement peut suivre les contours.

Les vallons sont comblés, les collines s'abaissent,
Et, mer, fleuves, forêts, chemins, villes et bourgs,
Ainsi que sur la carte aux regards apparaissent.

LA MER

La vue est ravissante; une sorte d'ivresse
S'empare de nos sens. Au midi, c'est la mer
Qui dans ce grand tableau d'abord vous intéresse.
Son long manteau d'azur à l'horizon se perd ;

Sa côte sinueuse est comme un ruban vert,
Et la vague d'argent qui la bat, la caresse,
De l'Orient peut-être a vu le bord désert,
Les rives de l'Espagne ou celles de la Grèce.

Incomparable mer ! les fabuleux héros
De Virgile et d'Homère ont erré sur ses flots ;
Combien d'autres depuis ont sillonné cette onde ?

Thémistocle, César, et Pompée, et Caton,
Ensuite saint Louis, plus tard Napoléon...
Là, presque tout entière, est l'histoire du monde.

LA CAMARGUE

—

Vrai Delta dont la base aux flots tumultueux
De la mer est livrée ; et d'autre part le Rhône
De ses humides bras le presse et l'environne,
En modérant ici son cours impétueux ;

Terres d'alluvion, marécages herbeux,
Pampas de la Provence où le gibier foisonne,
Où le cri du flamand solitaire résonne,
Où paissent librement et cavales et bœufs ;

Ceux-ci, noirs, à l'œil sombre, à l'allure sauvage,
Dont les mugissements remplissent le rivage
Et que le gardien pousse à grands coups de trident,

Tandis que celles-là, de leur large narrine,
Aspirant les senteurs de la brise marine,
      Galopent, la crinière au vent.

LA CRAU

Quand juillet de ses feux dévorants nous harcèle,
Promenant dans le ciel son terrible flambeau,
Que la chaleur est lourde, intense, universelle,
Avez-vous traversé la plaine de la Crau ?

Sur le désert sans fin la lumière ruisselle ;
Chacun de ses cailloux éclate, il étincelle ;
Sauf le croassement que pousse un noir corbeau,
Tout est silencieux, muet comme un tombeau.

Aux yeux du voyageur perdu dans ces parages
Un phénomène alors se produit : les mirages ;
Des fleuves et des lacs, de vertes oasis

S'avançant, ou fuyant, s'il s'éloigne ou s'avance.
C'est ainsi qu'on peut voir au cœur de la Provence
Les tableaux enchantés des sables de Memphis.

LE RHONE

Il tombe d'un glacier, traverse le Léman ;
Il salue en passant des villes florissantes,
Fait jouer à leurs pieds ses ondes caressantes,
Puis, aborde la mer majestueusement.

Mais il ne coule pas toujours si mollement,
Et ses vagues parfois tout à coup grossissantes,
Au-dessus de ses bords s'élancent mugissantes,
Répandent le ravage et l'épouvantement.

Le Rhône n'a pas vu Louis le quatorzième,
Comme le vit le Rhin, encourageant lui-même
Ses soldats à passer, leur donnant le signal ;

Mais voici le point où, lorsqu'il marchait sur Rome,
Notre fleuve a porté sur son dos le grand homme
      Dont le nom était Annibal !

LA DURANCE

La voyez-vous cette coureuse,
Décrivant ses mille détours?
Quelquefois même elle se creuse
Un lit au milieu des labours,

Et fantaisiste, aventureuse,
Elle emporte tout dans son cours,
Semblable ainsi, la malheureuse,
À certains hommes de nos jours;

Mais avec cette différence
Que si notre folle Durance
Après ce mal produit le bien,

Ces messieurs avec leur réforme
Causent d'abord un mal énorme;
Ensuite, que font-ils? plus rien !

LES ANGLES — PONT-MARTIN

—

A travers la vapeur légère
Qui lui fait comme un vêtement,
Se profile au loin, vaguement,
Une colline toute fière

D'avoir à ses pieds son Armand,
Brillant causeur hebdomadaire
Qui tient le sceptre en ce moment
De la critique littéraire.

Qui ne relit ses feuilletons
Où sa plume prend tous les tons,
De la raison, de l'ironie,

De la grâce ou bien du génie...
Et pourtant cet homme n'est rien,
Pas même académicien !

AVIGNON

Il est dans le même horizon,
A l'extrémité de la plaine,
Une ville d'un grand renom,
Et d'éclatants souvenirs pleine.

Pour l'honneur de l'espèce humaine,
Jadis tu nous donnais Crillon,
Et maintenant c'est du Demaine,
O noble cité d'Avignon.

Le bon Pétrarque y vit éclore
Son amour malheureux pour Laure
Qu'il exprimait en vers de feu ;

Notre poëte était chanoine ;
Franchement pour un quasi-moine
C'était s'émanciper un peu.

ARLES

Ville antique et toute romaine,
Et de la beauté le séjour.
On y cherche un cirque, une tour,
Plus encor la jeune Arlésienne.

Vrai type de la grâce hellène,
Profil au suave contour,
Dans sa démarche aérienne,
Elle semble narguer l'amour.

Un ruban noué pour coiffure
D'où tombe à flots sa chevelure,
Un jupon clair, un corset noir

Lui composent une parure
Que semble indiquer la nature
Et qui la rend si belle à voir.

TARASCON

Ici point de vestige antique,
Pas le moindre débris romain,
Mais, ce qui vaut mieux qu'un portique,
Un événement surhumain :

La compagne de Maximin,
Marthe, raconte la chronique,
Prêchant de Dieu le Fils unique,
De Tarascon prit le chemin.

Or, un dragon dans l'épouvante
Tenait le pays; la servante
De Jésus vers lui s'avança.

Le monstre fut saisi de crainte,
Et docilement se laissa
Lier d'un ruban par la sainte.

LES BAUX

—

Toi que fréquentent les corbeaux,
Dis-moi quelle main ennemie
Vint te frapper, ville des Baux,
Et du coup te rendit momie,

Changea tes maisons en tombeaux ?
Et cependant vieille endormie,
Tes anciens jours furent bien beaux,
Et des plaisirs tu fus l'amie.

Au dire des vieux chroniqueurs,
Tes maîtres étaient ducs ou princes,
Les plus brillants de nos provinces,

Chevaliers aux tournois vainqueurs,
Et qui, portant haut leur bannière,
Là d'amour tenaient cour plénière.

MAILLANE — MISTRAL

A nos pieds, à peine entrevu,
Ce village est la résidence
Du chef (et c'est bien reconnu)
Des félibres de la Provence.

Le plus grand poëte de France
L'a salué le bienvenu ;
Depuis Mireille on n'a rien vu
En provençal qui la balance.

Avec quelle suavité
De nos régions la beauté
Dans ces vers se trouve décrite ;

L'idiome tant réprouvé
Tout à la fois avait trouvé
Son Virgile et son Théocrite.

SAINT-MICHEL DE FRIGOULET

J'ai visité souvent la superbe abbaye ;
J'ai vu l'austérité de ces hommes de Dieu
Qui, sur les pas des saints et brûlés de leur feu,
A prier, à se taire ont consacré leur vie.

J'admirai de leurs chants la céleste harmonie,
L'orgue de ses accords remplissant le saint lieu,
De la nef, de l'autel la splendeur inouïe...
Certes pour Jehovah c'est encore trop peu.

Je fus témoin aussi de l'éclat de leurs fêtes ;
Mille feux de Bengale illuminaient les crêtes,
La foule était immense, et très-bruyant l'émoi ;

Et je m'en étonnai, me demandant pourquoi
Tous ces vains bruits du monde et cette multitude
Venaient troubler ainsi la grande solitude.

LA FONTAINE DE VAUCLUSE

Oui, j'en conviens, la source est chose ravissante !
Elle est belle cette eau qui frissonne, qui bout,
Etreint les rochers noirs d'écume blanchissante,
Tour à tour pleure, rit, gronde... mais voilà tout.

Pas le moindre arbrisseau, pas le plus petit bout
De chêne vous prêtant une ombre bienfaisante ;
Vous y cherchez en vain une pelouse absente,
Pour vous y reposer, il faut rester debout.

Vous êtes encaissés entre deux rocs calcaires
Où pendent seulement quelques pariétaires,
Qui tourmentent la vue à force d'être laids.

Pour égayer un peu cette triste nature
Le plus souvent on a devant soi la figure
Pleine de gravité d'un gentlemann Anglais !

LA SAINTE-BAUME

—

Entre les vergers de Toulon
Et les bastides de Marseille
Voyez poindre le Saint-Pilon,
De nos montagnes la merveille.

Forêt plus belle, où la vit-on ?
Le Liban seul a sa pareille :
Quels souvenirs elle réveille!
Ces vieux arbres ont leur blason.

Là dans sa grotte solitaire,
Des bêtes fauves le repaire,
Madeleine un jour se rendit ;

Et tant elle y gémit, la sainte,
Que des pleurs qu'elle répandit
La roche encore aujourd'hui suinte.

GEMENOS

L'onde jaillit subitement
D'un trou creusé par la nature
Puis elle coule mollement
Entre deux rives de verdure.

Invités par une eau si pure,
Chênes et pins du bord charmant
Sur elle étendent leur ramure
En un doux entrelacement.

Les beautés de la Lombardie,
Celles de la vieille Arcadie,
Le fameux vallon de Tempé

Ne sont rien auprès de ce site
Qui reçut un jour ma visite
Et m'a profondément frappé.

LA FARE — POUJOULAT

—

Regardez ce pays lointain :
C'est dans son sein qu'il a vu naître
Un sage, un habile écrivain
Dont la race va disparaître.

Son œuvre est d'un bénédictin :
Il écrivit l'histoire en maître ;
Nous lui devons de mieux connaître
Bossuet et saint Augustin.

Cet homme qu'à bon droit l'on vante
N'est point encore des Quarante.
Si l'on ouvrait à Poujoulat

Les portes de l'Académie,
La noble et docte compagnie
Ne perdrait rien de son éclat.

LE LUBERON — JOSEPH AUTRAN

—

Dans la brume au loin se montrant,
Le Luberon, vaste colline,
(Que devant lui chacun s'incline !)
Fut chanté par Joseph Autran

Dont le vers sonore, ondoyant
Comme celui de Lamartine
Est peut-être, plus attrayant,
Par son esprit de trempe fine.

On dit que la clarté des cieux
Ne réjouissant plus ses yeux,
Pour lui devint la vie amère.

Le grand poëte marseillais
Devait encore avoir ces traits
De ressemblance avec Homère.

SAINTE-VICTOIRE

—

La montagne Sainte-Victoire
Vient ensuite frapper nos yeux,
Nous rappelant un nom fameux,
Un nom d'éternelle mémoire.

Là Marius avait la gloire
D'écraser ces hommes hideux
Qui des Prussiens, d'après l'histoire,
Passent pour être les aïeux.

Les fidèles de la Provence
Unis dans la même espérance,
Sur la cime ont planté la croix.

France, tu vaincras par ce signe,
Si tu te montres sage et digne;
Mais le seras-tu ?... Je le crois.

SALON

—

Quelle est cette cité sous un riant coteau ?
De son sein un clocher svelte et hardi s'élance ;
Sur ses flancs étagés se dresse un vieux château
De l'époque où l'on se battait avec la lance ;

Toute verte d'ailleurs, grâce aux bienfaits de l'eau
Que généreusement lui verse la Durance.
Cette ville est Salon, fleur de notre Provence ;
Une douce oasis aux confins de la Crau.

Si vous ne voyez pas dans sa riche campagne
Comme dans l'Italie et surtout en Espagne,
Les orangers fleurir, croître les citronniers,

En récompense, elle a ses vergers d'oliviers
Donnant une huile fine en si grande abondance,
Qu'on peut, le croiriez-vous?.. en inonder la France !

MARTIGUES

La fille de la mer, non sans quelque raison
De ma plume très-humble une ligne réclame ;
O Martigues, je veux écrire ici ton nom
Qui pour certaines gens est presqu'une épigramme.

Mais je t'appelle aussi : Venise ! pourquoi non ?
Tu te mires dans l'eau sous ton ciel plein de flamme ;
Si tes marins n'ont pas eu des siens le renom,
N'ont-ils pas déployé toute leur fierté d'âme ?

On sait bien qu'ils étaient la plupart tes enfants
Ces Provençaux qu'on vit revenir triomphants
De l'Inde, sous Suffren, le héros, le grand homme !

Et l'illustre Gérard-Tenque, le bienheureux
Dont l'éclatante vie emplirait plus d'un tome,
Dis-moi, n'est-il pas né dans tes murs trop heureux ?

AIX

Au delà de ces bois épais,
Non loin du mont Sainte-Victoire,
Tu sommeilles, ville de paix ;
Et pourtant tu n'es pas sans gloire.

Jadis tu te préoccupais
De choses dignes de mémoire,
Et maintenant tu te repais
De procédure et de grimoire.

Mais n'importe, ô noble cité,
Dans tes murs remplis de silence,
S'abrite encore la science,

Le bon goût et l'urbanité
Qui t'avaient si bien mérité
Le nom d'Athènes de Provence.

MARSEILLE

L'horizon est ici de coupe italienne
Et le ciel y paraît plus limpide et plus pur ;
Cette montagne bleue et digne de Tibur
Comme un rideau te cache, ô ville phocéenne.

Royalement assise en ton golfe d'azur
Aussi tiède que l'est l'anse napolitaine,
Rayonnante de grâce et de beauté hautaine,
Qui nous dira ton rôle et ton éclat futur ?...

Le monde a pressenti ta haute destinée ;
Ce n'est pas seulement la Méditerranée
Où tu domineras ; plus puissante que Tyr,

Plus riche que Sidon, plus grande que Carthage,
Qui sur les mers d'alors régnèrent sans partage,
Sur tous les océans ton nom doit retentir !

LES

HOMMES ILLUSTRES

DE LA PROVENCE

LE ROI RENÉ

—

Il avait l'âme haute et fortement trempée,
Et même la valeur brillante des Dunois.
Il aima mieux les arts encore que l'épée
Et préféra les jeux innocents des tournois.

Une pièce de vers en strophes bien coupée,
Chant, musique, tableaux, c'étaient là ses exploits,
Les choses dont sa vie était tout occupée
Les seules qui plaisaient à ce phénix des rois.

Sans qu'il laissât flotter les rênes de l'empire,
D'une procession il formulait les lois.
Il vivait simplement, comme un petit bourgeois,

Et de lui justement le poëte eût pu dire
        Qu'il n'avait pour sa garde rien
                Qu'un chien !

A VAUVENARGUES

(Né à Aix)

—

De Larochefoucauld tu n'as pas l'air austère,
Et la morale triste et le style un peu cru.
Tu marches sur les pas de l'exquis Labruyère,
Et de Pascal souffrant rappelles la vertu.

Resté sage au milieu d'un siècle corrompu,
Bon et fervent chrétien, sinon *humanitaire*,
Tu fus aimé de tous et surtout de Voltaire;
Un hommage éclatant par lui te fut rendu.

« *Les grands pensers*, dis-tu, dans une belle page,
« *Viennent du cœur* »; mot vrai, juste comme un adage
    Digne de toi, profond penseur ;

Et la postérité qui le retient, ô maître,
En l'admirant, ce mot, trouve qu'il n'a pu naître
    Que dans un homme ayant du cœur.

ENTRECASTEAUX

(Né à Aix)

—

Intrépide, tu traversas
Du monde toute l'étendue ;
Les vastes mers tu les sondas ;
La terre nous fut mieux connue.

Les lecteurs qui suivent tes pas
Et que ton voyage remue
Cherchent mais ne rencontrent pas
Dans la ville d'Aix ta statue.

Sur leur socle nous y voyons
Les Portalis, les Siméons :
A leur haute éloquence on devait cet hommage.

Puissions-nous, grand navigateur,
Comme celle de l'orateur
Un jour dans la cité contempler ton image.

VANLOO (Jean-Baptiste)

(Né à Aix)

Je te dois un sonnet, immortel Jean-Baptiste,
Toi que se disputaient les princes et les grands ;
Dans la postérité ta mémoire subsiste ;
Tes tableaux sont toujours placés aux premiers rangs ;

Ils n'ont jamais trouvé des yeux indifférents
Comme Van Dyck, tu fus éminent portraitiste,
Et même après Rubens un brillant coloriste ;
En maître tu traitais des genres différents.

Oh ! comme on s'intéresse à ta biographie ;
On te suit à Paris, à Londre, en Italie.
J'aime à te voir surtout quand, de Toulon fuyant

Pour Aix, nouveau Joseph, à pied, tu suivais l'âne
Qui portait sur son dos, modeste caravane,
   Ta femme et ton petit enfant.

BARTHÉLEMY (L'abbé)

(Né à Cassis)

—

Oh ! c'est à toi surtout que je veux rendre hommage,
Ecrivain pur, correct, élégant et disert.
Quand il parut, l'Europe admirant ton ouvrage,
Fit retentir d'éloge un immense concert.

Nul autre plus que lui n'enchanta mon jeune âge.
On le voyait toujours entre mes mains ouvert ;
Aujourd'hui que mon front de neige s'est couvert,
De temps en temps encor j'en relis une page.

De ce style qui donc t'enseigna le secret ?
Quelle limpidité, quel charme, quel attrait !
Ton livre nous fait voir la Grèce tout entière.

Palpitante, elle marche, elle parle, elle vit
Dans sa beauté, sa grâce et sa pure lumière,
Et l'on dirait qu'un Grec lui-même l'écrivit.

MASSILLON

(Né à Hyères)

Dans l'heureuse ville d'Hyères
Naquit cet éminent prélat
Qui donnait un si vif éclat
A l'éloquence de la chaire.

Trois grands hommes, en ce temps-là,
Chacun parfait à sa manière,
Ont illustré cette carrière ;
On ne sait qui le plus brilla.

Bossuet frappe, émeut, secoue ;
La parole de Bourdaloue
Semble celle de la raison ;

Il est une voix plus touchante
Qui l'oreille et le cœur enchante,
Et c'est la voix de Massillon.

ESMÉNARD (Poëte)

(Né à Pélissanne)

—

Relever le nom d'Esménard,
Poëte du premier empire,
Pour plusieurs c'est être en retard,
Et même occasion de rire.

Du temps on ne fait point la part.
Je me suis mis à le relire,
Et franchement j'ose vous dire
Qu'on est injuste à son égard.

Châteaubriand (un pareil maître
Devait quelque peu s'y connaître),
Admirait ses vers cadencés.

N'aurait-il eu pour son poëme
Que cette autorité suprême,
Ce serait certes bien assez !

PUGET

(Né à Marseille)

Peintre, musicien, architecte, sculpteur,
De ses dons les plus beaux le combla la nature ;
Il atteignit de l'art, d'un seul bond, la hauteur,
Et du fier Michel-Ange égala la stature.

Andromède et Milon nous donnent la mesure
De tout ce que pouvait son ciseau créateur.
Et Lebrun qui trônait alors pour la peinture,
Etait, avec Louis, son grand admirateur.

« La main qui sut créer de magnifiques œuvres
Peut-elle nous donner encore des chefs-d'œuvres ? »
Lui demandait un jour le ministre du roi ;

Déjà sur le déclin de sa brillante vie,
Il répondit ce mot dicté par son génie :
  « *Le marbre tremble devant moi !* »

BELZUNCE

(Et sa statue à Marseille)

—

Inclinez-vous devant l'image de cet homme,
Vous de l'humanité les prétendus amis ;
Que sont auprès de lui tous les héros de Rome ?
Au rang des demi-dieux Plutarque l'aurait mis.

On a beau le nier, l'histoire l'a transmis :
Seul, avec l'immortel Roze, il portait le baume
A tout pestiféré ; cependant, voyez comme,
N'ayant fait que le bien, il a des ennemis !

Philanthropes nouveaux que froisse sa statue,
Ils n'ont qu'un seul désir, qu'elle soit abattue !
Mais quand le sauveur là ne sera plus debout,

En bons logiciens, ils iront jusqu'au bout,
Et fêtant le fléau qui nous fut si funeste,
Où l'on voyait Belzunce, ils placeront la peste !

LE CHEVALIER ROZE

—

Quelle plume pourrait te louer dignement,
Te rendre, ô chevalier, une pleine justice ?
Une ville empestée, oui, telle fut la lice
Où devait éclater ton pieux dévouement.

Pour les pestiférés tu créas un hospice
De tes propres deniers; et puis, tout simplement
On te vit procéder seul à l'enterrement
Des pauvres trépassés; oh ! que Dieu te bénisse !

Dieu rend pour lui les traits de la peste impuissants ;
Le grand Belzunce obtient une grâce pareille.
En étendant ainsi le cercle de leurs ans,

Le ciel avait voulu que de leur propre oreille
Ils pussent recueillir les vœux reconnaissants,
Les bénédictions du peuple de Marseille.

JOSEPH AUTRAN

(Né à Marseille)

—

Lamartine, il est vrai, chante divinement,
Mais après *Jocelyn* vient la *Chute d'un ange ;*
Un vers d'Hugo toujours fut un événement,
D'accord ; mais à cette heure il est par trop étrange.

On trouve dans Musset l'or et le diamant,
Mais quelquefois, hélas ! tachés d'un peu de fange.
Il est exquis Brizeux, mais un ton seulement
Est modulé par lui ; rarement il le change.

Dans ton œuvre toi seul, ô poëte, es complet ;
On n'y voit point le beau coudoyé par le laid.
Ta muse tour à tour nous charme ou nous enflamme.

Pur et doux comme Alphonse et grand comme Victor ;
Avec l'esprit d'Alfred tu nous montras encor
En des temps si malsains les traits d'une belle âme.

BERRYER

(Sa Statue à Marseille)

Ce roi de la parole, (et c'est incontesté)
Au respect du passant même hostile s'impose.
On aime à le revoir dans la superbe pose
Où l'artiste nous l'a si bien représenté.

Le plus grand défenseur de la plus grande cause
Que voulait-il?... souvent il nous l'a répété ;
Il rêvait pour la France une assez belle chose ;
La vieille *monarchie* avec la liberté.

Un jour, on s'en souvient, sur l'étranger rivage
A l'auguste exilée il porta son hommage ;
On pensait le flétrir pour ce gros attentat?

Inutiles efforts, ridicule censure !
C'est lui qui sur le front du cynique apostat
Avait, d'un fer brûlant, gravé la flétrissure !

LES

HOMMES ILLUSTRES

DE SALON (EN PROVENCE)

COURT AVANT-PROPOS

—

N'est-il pas vrai, lecteur, qu'en cette galerie
Où des grands Provençaux figurent les portraits,
Je devais bien au moins à ceux de ma patrie
    Un coin réservé tout exprès ?

CÉSAR NOSTRADAMUS

(Auteur d'une histoire de Provence)

—

De tes célébrités combien longue est la liste,
O Salon ! c'est d'abord un grand iugénieur,
Un esprit étonnant, un généalogiste
Qui des temps reculés sonda la profondeur ;

Ensuite un géologue, un savant botaniste !
Et puis un amiral, des Anglais la terreur,
Qui, dans les mers de l'Inde a vengé notre honneur ;
Des gestes provençaux enfin un annaliste.

César Nostradamus fut cet historien ;
Et si notre écrivain manque un peu de critique,
C'est la faute du temps, mais il est véridique.

Tout ce qu'il a pu voir il le raconte bien.
Ce qu'on aime surtout, en lisant sa chronique,
  C'est qu'on y sent l'homme de bien.

LE BAILLI DE SUFFREN

Tes grands hommes, Salon, celui-ci les domine.
Quel honneur pour ton ciel où cet astre brilla.
En décadence alors languissait la marine ;
Il parut, et soudain elle se releva.

Albion, en voyant dans l'Inde sa ruine,
Apprit ce qu'il savait faire dans un combat.
« Rien ne doit déranger l'honnête homme qui dîne »
Disait-il, aussi beau mangeur que bon soldat.

Ah ! si le ciel, voulant favoriser la France,
De ce héros avait prolongé l'existence ;
        S'il était mort vingt ans plus tard,

Arrêtant de Nelson l'audace téméraire,
Sans doute il aurait fait subir à l'Angleterre
        Le désastre de Trafalgar !

D'HOZIER

La généalogie, il en fit une histoire.
Ce qu'il en écrivit, c'est à ne pas y croire.
Tous ses in-folios vont à plus de deux cents.
Boileau dans ce quatrain brûle pour lui l'encens :

« Des illustres maisons il publia la gloire.
« Ses talents surprendront tous les âges suivants.
« Il rendit tous les morts vivants dans sa mémoire ;
« Il ne mourra jamais dans celle des vivants.

L'homme dont parle ainsi le régent du Parnasse
Ici devait avoir une première place.
Du nom du débrouilleur fameux des temps anciens

Salon a cru devoir décorer une rue,
C'est bien. Mais ne peut-il avoir une statue?...
  Avis à ses concitoyens.

LAMANON PAUL

Naturaliste, il fit voir par quelques ouvrages
Qu'au fond de la science il avait pénétré.
De la fureur d'apprendre il était dévoré,
Et suivit Lapeyrouse en ses lointains voyages.

Dans l'île Maouma que peuplaient des sauvages,
Un peu loin du vaisseau s'étant aventuré,
Lamanon sous les coups de ces anthropophages,
Avec ses compagnons fut, hélas! massacré.

C'est ainsi que la mort le ravit à la gloire.
Mais les savants n'ont pas oublié sa mémoire;
Il obtint tout l'honneur qu'il pouvait envier:

Il eut pour biographe un homme de génie,
Car celui qui se plut à raconter sa vie
      Est notre illustre et grand Cuvier.

CRAPONNE

(Auteur du Canal de ce nom)

—

Il faudrait un burin pour graver ton histoire,
O savant méconnu, grand homme infortuné ;
Que n'ai-je le talent, que ne m'est-il donné
De chanter, d'exalter dignement ta mémoire !

Ton pays se mourait de soif, tu le fis boire ;
Et que t'en advint-il?... Tu quittas, ruiné,
Ce pays trop ingrat, et, pour dernière gloire,
Par de lâches rivaux tu fus empoisonné.

Sur la place un peu maigre où l'on voit la statue
Que la reconnaissance un peu tard te vota,
Je ne passe jamais sans que je la salue.

Adam, qui plus que toi cet honneur mérita?
Car depuis trois cents ans, grâces à ton génie,
Dans nos champs ont coulé la richesse et la vie.

NOSTRADAMUS MICHEL

Toi dont l'œil pénétrant sonda les futurs âges
Qui, pour nous les conter fis des vers tant et plus ?
Quel ange t'inspira ces sublimes ouvrages
Que je m'accuse, hélas ! de n'avoir jamais lus.

Mais combien on en voit d'habiles et de sages
Qui, possédant la clé de tes quatrains diffus,
Malgré l'obscurité de leurs épais nuages,
Trouvent très-clair ce qui pour nous est très-confus.

Le sceptique plaisant, le grave philosophe,
Et le libre-penseur, esprits de même étoffe,
Ne te ménagent pas les propos insultants.

Laisse-les aboyer; poursuivant ta carrière,
Sur eux verse un torrent d'ombres et de lumière ;
Ils passent,... et de toi l'on parlera longtemps.

AUBLET (Botaniste)

—

Et notre botaniste Aublet,
Faut-il le passer sous silence?
Cet album serait incomplet.
Déjà, dès sa plus tendre enfance,

Son goût très-vif pour la science
Aux yeux de tous se révélait,
Et, bravant les flots, la souffrance,
Vers le nouveau monde il volait.

Longtemps il parcourt la Guyane,
Et Saint-Domingue, et la Havane;
Enfin, quittant ce ciel de feu,

Il en rapporte un bel ouvrage
Obtenant ici le suffrage
De Linneus et de Jussieu.

MICHEL (Maréchal-Ferrant)

—

Sol privilégié, sol extraordinaire,
Où germe, où naît toujours quelqu'envoyé du ciel,
Prophète, illuminé, voyant, visionnaire,
Tantôt Nostradamus, tantôt François-Michel.

Quand ce dernier parut, comme un saint émissaire,
A Paris étonné d'un ambassadeur tel,
Qu'annonça-t-il au prince, et que vint-il y faire?
Nul ne le sut que lui, Louis et l'Eternel.

Cet homme qui n'avait ici qu'un lit de paille,
Vit s'ouvrir devant lui le palais de Versaille,
Le cabinet du roi qu'on appelait le Grand;

Et ce *sacro-sanctum* de la toute-puissance
Où pénétrait à peine un maréchal de France,
Ce jour-là vit entrer un maréchal-ferrant.

CHATEAUX & MONUMENTS

LE CHATEAU DE SALON

Debout sur son rocher toujours,
Vainqueur du temps, il s'y pavane
Avec fossés, pont-levis, tours,
Machicoulis et sarbacane.

Du haut de son donjon l'œil plane
Librement sur les alentours.
C'est là que notre reine Jeanne
A vu s'écouler de longs jours ;

C'est là que vint la Florentine.
C'est dans ce noble et vieux castel
Que sir Nostradamus Michel,

En présence de Catherine,
Au jeune Béarnais dit : Toi,
De France un jour tu seras roi !

LE CHATEAU DE RICHEBOIS

—

Du bailli de Suffren c'était la résidence.
Depuis, il a changé de maître bien des fois;
Il n'a plus aujourd'hui cette magnificence
Que nos pères défunts lui virent autrefois.

On admirait surtout ses sources et ses bois.
Les eaux peuvent encore attester leur présence ;
Mais le grand parc, hélas! brille par son absence,
Ce parc qui lui valut le nom de *Richebois.*

Un siècle s'est passé. Maintenant un notaire
De l'illustre manoir est le propriétaire.
Ainsi notre héros, l'homme au cœur de lion,

Celui qui sur les mers fit trembler l'Angleterre,
A pour son successeur sur cette vieille terre
   Un modeste tabellion.

LE CHATEAU DE LABARBEN

C'est un vieux château-fort, et de haute prestance ;
Aussi le temps l'a-t-il tout à fait respecté ;
Œuvre empreinte partout de féodalité ;
Monument curieux de la vieille Provence.

Là règnent les Forbin. L'histoire a raconté
L'union des États provençaux à la France.
C'est à Forbin le grand, à son habileté
Qu'on la doit ; Labarben en fut la récompense.

Je crois bien qu'en dépit de tous les envieux,
Il est permis encor de trouver glorieux
Que l'on tienne à ce titre un fief de Louis Onze ;

Ce n'est pas sans orgueil qu'on entend retentir
Ces noms que quelques-uns voudraient anéantir ;
Ils peuvent essayer leur dent contre ce bronze.

LE CHATEAU DU VERNÈGUES

Le Vernègnes sur un coteau
A nos yeux fièrement étale
Les ruines de son château
Portant la marque féodale.

Rien n'y manque, la grande salle,
La cheminée au lourd manteau,
Le beffroi, les siéges en dalle,
Le pont-levis et le créneau.

On y voit encor la tourelle
Où se tenait la sentinelle,
Et d'où le baron guerroyeur,

Aux aguets, pouvait reconnaître,
Suivre les mouvements du reître,
Ceux du pillard et du voleur.

LE CHATEAU DE LAMANON

—

Résidence princière où le bon goût préside ;
Vaste parc bien planté ; beau canal tout autour ;
De somptueux jardins comme étaient ceux d'Armide ;
Des coteaux verdoyants et groupés à l'entour,

Et dont le plus haut sert de piédestal splendide
A la ère de Dieu qui semble avec amour
Couvrir ces lieux charmants, ce merveilleux séjour
De sa divine main, de sa puissante égide.

Aussi le grand château n'est-il jamais fermé
A la voix du malheur, au cri de la souffrance.
Qu'on proclame le nom de son seigneur aimé

Qui des pauvres ainsi se fait la Providence ;
C'est un fils des croisés, honneur de la Provence ;
Sabran de Ponthevès, vous l'avez tous nommé.

L'ÉGLISE SAINT-LAURENT

(A Salon)

—

Un jeune prince entrait un jour à Saint-Laurent
Et prononçait ces mots : « Magnifique chapelle !
« Du royaume, je crois, que c'est bien la plus belle »
Qui parlait donc ainsi ?... C'était Louis-le-Grand.

Ce mot vrai le pays toujours se le rappelle
Notre église, en effet, bâtie en seize-cent,
Par son immense nef et par sa coupe est telle
Quelle présente à l'œil un aspect saisissant.

Le svelte, le léger dans le grand, le sévère
De ce vieux monument forment le caractère
Qu'avec l'enjolivure on a depuis gâté :

Les piliers imposants d'où s'élancent les voûtes
Sont tachés de tableaux, je veux dire de croûtes
    Déparant leur mâle beauté.

LE CHATEAU D'EAU DE LONGCHAMP

(A Marseille)

—

Jadis le voyageur nous disait de Marseille :
Cité fort belle, mais sans aucun monument.
Le voilà bien forcé de parler autrement,
Car Longchamp en a fait la ville sans pareille.

Voyez quelle harmonie et quel encadrement!
Cette création, véritable merveille.
Est celle d'un esprit que l'art pur seul conseille ;
C'est simple, mais hardi, majestueux, charmant.

A Naples, à Milan, à Paris, à Versaille
Dans notre Europe enfin, rien n'arrive à la taille
Du chef-d'œuvre qu'aurait signé le grand Puget.

Mélange heureux de grâce et de lignes hautaines,
C'est ainsi qu'on devait construire dans Athènes,
   Dans la Grèce où le beau siégeait.

ROQUEFAVOUR

Monument colossal, prodigieux de l'art,
Et qu'enfantèrent l'or, le génie et l'audace ;
Il relie, enjambant la rivière de l'Arc,
Les sommets de deux monts se dressant face à face.

C'est le digne pendant du fameux pont du Gard.
Avec ses mille arceaux suspendus dans l'espace
Et sa hauteur que nul viaduc ne dépasse,
Il surprendra toujours l'esprit et le regard.

Et ce qui rend encor la vue émerveillée,
C'est la forme élégante, exquise et déliée
Qu'ont prise en s'élançant ces grands blocs de rocher.

Attestant de l'auteur l'habileté profonde,
Cette œuvre transmettra jusqu'à la fin du monde
    Le nom béni de Montricher.

NOTRE-DAME DE LA GARDE

(A Marseille)

A peine à l'horizon l'astre du jour commence
A briller ; j'ai déjà gravi le saint coteau.
Tout autour se déroule un paysage immense.
Avez-vous vu, touriste, un spectacle plus beau ?

La mer tient la moitié de la circonférence ;
L'azur du ciel se fond avec celui de l'eau ;
La terre d'autre part offre à l'œil un tableau
Où tout Marseille éclate en sa magnificence.

Sur la pointe du roc est la chapelle, et là,
Je murmurai ces mots : *Ave maris stella ;*
« Toi que les mariniers de la vieille Provence

« Dans le péril jamais n'invoquèrent en vain,
« Daigne étendre, ô Marie, un peu ton bras divin,
« Et sauve, il en est temps, le vaisseau de la France ! »

SCÈNES
DE LA VIE RUSTIQUE
EN PROVENCE

LES VERS A SOIE

—

Rien n'a troublé des vers l'éclosion heureuse.
La fermière les soigne et ne les quitte pas.
Leur famille est bientôt si grande, si nombreuse
Qu'elle emplit le grenier du haut jusques en bas.

Pour bien conduire alors la tribu vigoureuse,
Et la rassasier, on requiert tous les bras,
Et sur la claie on fait comme des matelas
De feuilles de mûrier qu'apporte la cueilleuse.

Voici que le moment de monter est venu.
Chacun des ouvriers au bois s'est suspendu.
Des fils rares d'abord dans la branche il déploie ;

Puis se cachant aux yeux, ingénieux maçon,
Il construit sa demeure, ou plutôt sa prison,
    Une prison d'or et de soie.

LE DÉRAMAGE

La ferme est en émoi, pour elle quel beau jour!
La récolte est superbe, et le cocon abonde.
Sur la claie au grenier paraissent tout autour
Des rameaux fléchissant sous leur parure blonde.

La fermière a déjà réuni tout son monde.
Elle trône au milieu de sa petite cour,
Et son œil qui s'anime et que la joie inonde
Colle sur ses trésors un long regard d'amour.

On dépouille le bois. La poudreuse bouteille
Vient ranimer les doigts du vieillard, de la vieille ;
Le verre est aussitôt vidé qu'il est rempli,

Tandis qu'un jeune essaim de belles Arlésiennes,
Modulant les accords de leurs voix de sirènes,
Fait résonner en chœur le chant de *Magali*.

LE TIRAGE DE LA SOIE

—

Les bois sont dépouillés ; on passe à l'étouffage.
Ensuite, il faut tirer le fil si precieux
Dont le ver composa son peloton soyeux.
On se sert de l'eau chaude où le cocon surnage,

Et d'un tour à filière opérant le tirage ;
Mécanisme bien simple, et pourtant curieux
Prouvant qu'ils n'étaient pas si bêtes, nos aïeux.
Une fillette dont treize ans à peine est l'âge

En dansant fait tourner rapidement l'engin,
Surveillant la bassine, une grave matrone,
Assise sur sa chaise ainsi que sur un trône,

Tient un petit balai pour sceptre dans la main.
Elle saisit et croise adroitement le brin
Qui sur le dévidoir forme une écharpe jaune.

LE LABOUR

Six fortes mules couleur blanche
Tirent d'un égal mouvement
La charrue, et leur tête penche;
Leur jarret comme un arc se tend.

Le laboureur tranquillement
Les suit, en tenant droit le manche;
Le soc s'enfonce, il brise, tranche
Renverse le terrain fumant.

D'un pas qui jamais ne chancelle,
Au bout du sillon parallèle
Elles s'en vont comme cela ;

On dirait que les bonnes bêtes
Comprennent que Dieu les a faites
Pour accomplir ces travaux-là.

LES FAUCHEURS

Elle est bien longue la prairie ;
On n'en voit presque pas le bout ;
Des faucheurs la troupe aguerrie
Ne s'en étonne pas beaucoup.

Regardez, ils sont quatre en tout ;
Disposés avec symétrie,
De sa ligne aucun ne dévie ;
Ils semblent ne donner qu'un coup.

Ils ont commencé dès l'aurore ;
Le jour baisse, ils fauchent encore ;
Mais leurs pas sont un peu plus lourds.

Quand vient la fin de la journée,
La rude tâche est terminée,
Et le pré n'est plus qu'un velours.

LES MOISSONNEURS

Le soleil darde ses rayons ;
Rien ne peut ralentir leur zèle.
Dans leur main le fer étincelle,
Met à nu les brûlants sillons ;

Et toujours tombe la javelle ;
Les lieuses, sur leurs talons,
Ramassant tous ces épis blonds,
En forment la gerbe nouvelle.

Mais l'heure sonne, il faut surseoir ;
Sous le grand chêne ils vont s'asseoir ;
On a préparé la salade ;

Et sous leur dent craque le pain ;
Le broc passe de main en main ;
Nul ne faiblit, nul n'est malade.

L'AIRE

La charrette, non sans ressaut,
A déjà transporté sur l'aire
Les gerbes qu'on dresse en monceau
Ayant la forme circulaire ;

Puis, par un jour caniculaire,
Dans les épis, jusqu'aux naseaux,
Et, sous les coups d'une lanière,
En tournant, trottent les chevaux.

Comme un nouveau Booz, le maître
Auprès des fouleurs vient se mettre.
Là, trônant sur un sac de blé,

Il voit sa récolte qu'on foule ;
Et la sueur de son front coule,
D'un soleil brûlant accablé.

LA CUEILLETTE DES AMANDES

Nos vergers d'amandiers ont tenu la promesse
      Qu'ils nous avaient faite au printemps.
Sous le poids de ses fruits toute branche s'affaisse ;
      Comme les fermiers sont contents !

Alors dans chaque main une gaule se dresse,
      Car de les cueillir il est temps.
Sur la grosse, la ronde, ou bien sur la princesse,
      Les voilà tout le jour battants.

Quand le soleil décline, une lourde charrette
Emporte à la maison cette riche conquête.
La bande vient après, et l'on soupe ; le soir

L'amande de sa coque est par eux dépouillée ;
Et quel plaisir ainsi de passer la veillée,
En écoutant un conte et bien sombre et bien noir !

LE MIEL

Dans nos collines de Provence
Un fermier sage, industrieux
A toujours une ruche ou deux
Où le miel coule en abondance.

O mouches que la Providence
Doua d'instincts si merveilleux,
Je voudrais en vers dignes d'eux,
Dire ici votre intelligence.

Mais qu'un poëte plus expert
Vous célèbre, filles de l'air.
Parler de vous après le maître

C'est se montrer audacieux.
Pour vous chanter il faudrait être
Un Virgile, ou bienun Brizeux.

LE TROUPEAU

Partant pour la Montagne.

Il part. Voyez-le s'ébranlant.
Le pâtre court, jure et criaille ;
D'abord viennent les boucs branlant
A leur cou leur forte sonnaille ;

Puis, les béliers de haute taille ;
Après tout le troupeau bêlant.
Des molosses, chiens de bataille,
Ça et là ressort le poil blanc.

Enfin arrivent les bourriques
Qu'on pousse à force coups de triques ;
Elles transportent sur leur dos,

Dans des mannes en sparterie
Dont chaque poche est rebondie,
Les nippes et les lourds manteaux.

LE TROUPEAU DANS LA MONTAGNE

Soulevant la poussière, au bruit confus des voix,
Cette armée innombrable à petits pas s'avance
Vers les monts escarpés de la haute Provence,
Non loin des régions que hantent les chamois.

Plus de mille troupeaux de même provenance
Sur les versants alpins arrivent à la fois,
Une herbe savoureuse y croît en abondance.
Les brebis vont paissant dans les ravins, les bois;

La chèvre, par instinct, amoureuse des cimes,
Pour brouter se suspend même au bord des abîmes.
Gravement appuyés sur leurs bâtons de houx,

De la pointe d'un roc, les pâtres les surveillent,
Tandis que les grands chiens qui de leur côté veillent,
Toujours dans un recoin étranglent quelques loups !

LE RETOUR EN CRAU

Lorsque de leurs premiers flocons
Les neiges ont de la montagne
Couvert et blanchi les pitons,
Du troupeau finit la campagne ;

Nos climats plus doux il regagne ;
Et, rassemblant ses pelotons,
Le baïle, nouveau Charlemagne,
Guide la marche des moutons.

Les voici ; brebis et bourriques
Campent sur nos places publiques.
Assis en rond, quand vient la nuit,

Les bergers, à la rouge face,
Mangent de saucisse une liasse,
Et de vin boivent presqu'un muid.

LA VENDANGE

Le fermier vigilant prépare ses tonneaux.
Sous le pampre jauni la grappe est enfin mûre ;
Le chant des vendageurs anime les coteaux ;
De raisin les enfants barbouillent leur figure.

S'ébranlant sous leur poids les massifs charriots
S'avancent conduits par le charretier qui jure,
Et les fouleurs tout nus dansant dans les *tineaux*,
Etalent les trésors de leur musculature.

Ecrasé sous leur pied, le grain rouge se fond ;
Le vin coule à longs flots dans le cuvier profond.
Le travail terminé, suivent les bacchanales,

Les copieux festins, nouvelles saturnales,
Où maîtres et valets, où filles et garçons
Mêlent joyeusement leur danse et leurs chansons.

LA CUEILLETTE DES OLIVES

Avez-vous parcouru nos champs
Quand la grande récolte arrive ?
C'est la cueillette des olives,
Partout retentissent les chants ;

Sur tous les points la joie est vive,
Dans les vallons, sur les penchants
Des collines ; le maître active
Les doigts déjà si diligents.

Au moulin les sacs qu'on empile
Se convertissent en flots d'huile,
A goût de fruit, à couleur d'or.

Puis, le liquide, ô phénomène !
Vous prend ce léger goût de graine
Si cher aux habitants du Nord.

LE MOULIN A HUILE

—

Nous sommes en décembre, et la bise est glaçante ;
Mais pour nous réchauffer entrons dans ce moulin.
Voûte sombre ; le sol de marc d'olive est plein.
Le fruit est écrasé par la meule grinçante.

De la pâte liquide emplissant un *couffin*
Chacun le pose sous la machine pressante,
Et la colonne ayant la hauteur suffisante,
On presse. Attention ! Ce moment est divin.

Dix hommes demi-nus et d'une vigueur rare,
Hercules de la Crau, se rangent à la barre
La plus grosse qu'on vient de glisser au pressoir ;

Ils cognent ; leur jarret souple se tend, se cambre ;
Le bois craque et gémit, et l'huile à couleur d'ambre
Coule en pluie abondante au fond du réservoir.

LA FOIRE AU VILLAGE

Dieu! quel encombrement, quel bruit, et quelle foule!
Que de marchands surtout! Le Cours en est tout plein.
Comment fendre les flots de ce torrent humain?
On s'y presse, on s'y cogne, on s'y broie, on s'y foule.

Ici, dindon, canard, pigeon, pintade, poule,
Piaillant à qui mieux mieux. Là mirliton, pantin,
Fromages, cuirs, mouchoirs, souliers, fer, cuivre, étain,
Étalage confus qui sans fin se déroule.

Là-bas, vous entendez le clairon agaçant
Du pitre joint au cri du cochon incessant ;
Plus loin des bohémiens campent les caravanes.

Enfin, sur une place, à l'ombre des platanes,
Un marché qui n'est pas le moins intéressant,
Et ni le moins fourni : c'est le marché des ânes !

LA FARANDOLE AUX FLAMBEAUX

(Lou Raplaù)

—

Hourra ! La grosse caisse tonne ;
Ils sont au moins douze tambours,
Et le tout ensemble résonne
A réveiller même des sourds.

Au loin s'allonge la colonne ;
A chaque main brûle toujours
La torche de poix qui rayonne,
Éclaire *a giorno* tout le Cours.

Tantôt capricieuse et folle,
Comme un serpent, la farandole
Concentre ses anneaux humains,

Et tantôt elle se déroule
A travers une immense foule
Qui la contemple et bat des mains.

LA COURSE DES TAUREAUX

Tout autour, dans le cirque, est une foule immense.
Le signal retentit, et la course commence.
La loge s'est ouverte, et soudain il en sort,
Farouche et menaçant le taureau le plus fort.

Armé de son trident, le gardien s'avance.
L'animal bat ses flancs de sa queue; il se tord;
Un bras cuivré, nerveux lui porte un coup de lance,
Et l'arme faiblissant se brise sous l'effort.

Contre son ennemi se rue alors la bête;
Lui, calme, la saisit par la corne et l'arrête;
Ensuite il prend le col entre ses mains de fer.

Le prisonnier se cabre; hélas! en vain il lutte;
L'homme sur son épaule appuie, et le culbute...
Des bravos prolongés ont éclaté dans l'air.

LA BATTUE AUX MACREUSES

Cette chasse, en Provence, est des plus merveilleuses.
Aux premiers froids, avant les fêtes de Noël,
Rendez-vous est donné. Répondant à l'appel,
Arrivent sur l'étang des barques très-nombreuses ;

Elles forment un cercle autour des malheureuses
Qui, voyant qu'il se serre et leur devient mortel,
Partent toutes ensemble. Un million de macreuse
Comme un nuage noir obscurcissent le ciel.

Tout à coup, formidable une décharge éclate ;
De trois mille fusils se sont croisés les feux ;
Du sang des pauvres morts l'eau paraît écarlate ;

D'aller les ramasser chaque bateau se hâte ;
De là, querelle, rixe où quelquefois nos preux
Pour un de ces oiseaux se fusillent entre eux.

NOEL

Ce doux mot dans la ferme a retenti : *Noël!*
Le bétail de bonne heure est rentré dans l'étable ;
Le festin se prépare et l'on charge la table
De nougat, de raisins, d'amandes et de miel.

Là sont tous les enfants, troupe considérable.
L'épanouissement est vif, universel,
Et le grand-père au front ridé, chef vénérable,
Tour à tour les bénit, les yeux levés au ciel.

A ces cœurs francs, naïfs des vieux us rien n'échappe ;
Ils n'ont pas oublié le vin cuit et la nappe,
La bûche que l'aïeul et le plus jeune enfant

Vont poser au foyer d'un air si triomphant,
Le blé de sainte Barbe en trois blanches écuelles,
Le pain orné de houx, les trois neuves chandelles.

LES ROGATIONS

La procession part au lever de l'aurore.
De roses les coteaux ont couronné leur front ;
D'une perle d'argent chaque herbe se décore ;
Femmes, vieillards, enfants, jeunes filles s'en vont

Sur la colline, ou bien par le ravin profond,
Disparaissant parfois, puis se montrant encore.
De temps en temps le chantre, avec sa voix sonore,
Entonne le verset, et le merle y répond.

En s'avançant ainsi la longue théorie
A traversé le champ, le verger, la prairie.
Le ministre de Dieu qui suit a tout béni,

L'arbre, le fruit, la fleur, et la mousse et le nid.
Si, voyant tout cela, tu ne sens pas la fibre
De ton cœur remuer, je te plains, penseur libre !

LA VEILLE DE LA SAINT-JEAN

—

Il est venu ce jour. Dès que sous l'horizon
Le soleil disparaît, et que la nuit déploie
Son voile ténébreux, devant chaque maison
Se prépare et s'allume un brillant feu de joie.

Places et carrefours, ruelles, tout flamboie.
Les serpenteaux alors commencent leur chanson.
Assez timidement d'abord on les envoie;
Bientôt le bruit redouble; on en lance à foison.

Deux camps se sont formés; on dirait une guerre.
Les *laros* éclatant comme un coup de tonnerre,
Font reculer d'effroi les plus audacieux.

Ils reviennent pourtant; la lutte est incessante,
Et quelquefois comique et très-divertissante,
A moins qu'un des acteurs n'y perde les deux yeux.

LA FÊTE-DIEU

Tout visage, tout cœur s'épanouit de joie.
Chacun a revêtu son plus beau vêtement.
Le tambour fait entendre un joyeux roulement,
Et la procession se forme et se déploie.

De ces bambins voyez le cortége charmant.
Sous un dais radieux tissu d'or et de soie,
S'avance avec lenteur le Très-Saint-Sacrement ;
La foule se prosterne, et de fleurs on le noie.

La musique, les chants éclatent dans les airs ;
Les oiseaux attentifs y mêlent leurs concerts.
La nuit descend ; l'on rentre, et la grande harmonie

Des orgues a mis fin à la cérémonie.
Trop faiblement décrit, le voilà ce beau jour.
Ah ! puissions-nous longtemps en revoir le retour !

LA SAINT-ÉLOI

—

Le vieux curé couvert de la chape, et le crâne
Nu, luisant au soleil, est arrivé. Bientôt
Des bestiaux devant lui passe la caravane.
Le cheval croit devoir filer au grand galop.

Le mulet, au pas lourd, fait sonner son grelot.
Harnaché de pompons, et trottant menu, l'âne
Sous son jeune écuyer se carre et se pavane.
Sur chacun l'eau bénite est répandue à flot.

O mœurs de nos aïeux, coutumes du vieil âge,
J'aime à vous voir encor fleurir dans mon village ;
Vous ne m'avez jamais laissé sans quelque émoi ;

Et si quelqu'esprit fort en rit et les condamne,
Celui-là, m'est avis qu'il est cent fois plus âne
Que ceux que l'on bénit le jour de Saint-Éloi !

UN PARDON

EN PROVENCE

I

ORIGINE DU PARDON

—

Un bourgeois de Salon, (c'était en treize-cent),
A Saint-Symphorien fut en pèlerinage.
De retour, et tandis qu'il allait traversant
Les monts, il fut surpris par un affreux orage.

De rapides éclairs s'enflammait le nuage ;
Le tonnerre toujours suivait retentissant.
Voyant sa dernière heure et perdant tout courage,
Le pauvre pèlerin, le genou fléchissant :

« Mon Dieu, murmurait-il, écartez la tempête,
« Et je ferai bâtir pour vous sur cette crête
« Une chapelle. » Ainsi pria le bon bourgeois.

L'ouragan s'apaisa ; l'homme tint sa promesse.
Depuis lors, tous les ans, pour y chanter la messe,
Très-solennellement on monte à Sainte-Croix.

II

LE DÉPART

Du pardon annuel telle est donc l'origine.
Aux premiers jours de mai se fait l'ascension ;
La lavande et le thym parfumant la colline
Se mêlent à l'encens de la procession.

Dès le matin le son de la cloche argentine
Carillonne ; la boîte a fait explosion.
Les habitants du bourg que la joie illumine
Se sont tous rassemblés ; quelle confusion !

On part; le tambour bat, il marche à l'avant-garde ;
Le suisse vient après avec sa hallebarde,
Son habit rouge ou bleu, son merveilleux chapeau

Qui, tout reluisant d'or, et de forme convexe,
Semble, Dieu me pardonne, un accent circonflexe
      Qu'on dirait placé sur un ô.

III

LA PROCESSION

Ici, je voudrais faire un tableau, le pourrai-je?...
Sous leur habit que serre à la taille un cordon,
Voici les pénitents, tous avec un bâton ;
Puis les anciens prieurs ayant le privilége

De porter un gros cierge. A la fin du cortége
Marche le vieux curé qui préside au pardon ;
Son surplis empesé, raide comme un carton,
En éclat, en blancheur égalerait la neige.

Aux accents alternés d'un chœur de mille voix,
La procession suit le chemin de la Croix
Et s'arrête un moment devant chaque oratoire

Où se trouve un sujet fort grossièrement peint,
Que le soleil, la pluie et le vent ont déteint
Retraçant de Jésus la douloureuse histoire.

IV

L'ASCENSION

—

Après s'être livrée à ses pieux élans,
La foule continue à parcourir la voie,
Et dans l'étroit chemin elle monte, elle ondoie ;
Bientôt de la colline elle a couvert les flancs

De ses pénitents bleus, de ses pénitents blancs.
La brise fait flotter leurs bannières de soie,
Et leurs bâtons dorés sont tous étincelants
Sous le rayonnement du soleil qui flamboie,

Et longtemps on les voit s'avancer à travers
Les landes, les rochers, les pins, les chênes-verts.
Mais voilà cependant qu'ils ont atteint la crête.

C'est là qu'est la chapelle, et c'est là qu'on s'arrête ;
Et près d'elle chacun alors de se presser,
Car la grand'messe va sur l'heure commencer.

V

LA MESSE

Le prêtre est en chasuble, et la messe commence.
Plus de quatre cents voix chantant à l'unisson,
Entonnent largement le grec *Eleïson*
Dont l'écho se prolonge en la vallée immense.

Les oiseaux amoureux de la paix, du silence,
Loin de s'effaroucher du formidable son,
Au chant de la montagne unissent leur chanson,
Et, pour louer Dieu font avec l'homme alliance.

L'hostie est consacrée ; alors le Créateur
Ainsi qu'au Sinaï descend sur la hauteur,
Non pas dans un nuage, annoncé par la foudre,

Prêt à frapper le monde, à le réduire en poudre ;
Non pas le front terrible et couronné d'éclairs,
Mais au milieu des fleurs, des parfums, des concerts.

VI

APRÈS

Les beaux chants ont cessé; la messe se termine.
(Quelle médaille, hélas! ne présente un revers?)
Tous ces pieux chanteurs, mélomanes experts,
Sont à jeun ; les voilà pris d'une faim canine.

Chaque groupe s'en va le long des sentiers verts ;
On met la nappe sur un tapis d'herbe fine ;
La dent travaille; on boit la liqueur purpurine;
Tel arriva bien droit qui revient de travers.

Ces voix qui résonnaient si juste sont beuglantes ;
On assiste parfois à des luttes sanglantes.
C'est ainsi qu'un beau jour le suisse et le bedeau,

Après avoir joûté par de larges rasades
Echangèrent entre eux quelques bonnes gourmades...
Mais la dessus jetons, Muse, un discret manteau.

PAYSAGES PROVENÇAUX

OU

PROMENADES

AUTOUR D'UNE PETITE VILLE DE PROVENCE

ROQUE ROUSSE

La matinée est belle, elle invite à marcher ;
Explorons aujourd'hui la sauvage colline.
Nous nous perdons dans un de ses plis. Du rocher
Découle goutte à goutte une onde cristalline.

Des grands chênes sur nous l'ombre vient s'épancher ;
A nos pieds se déroule un tapis d'herbe fine
Si frais, si verdoyant qu'il fallut nous coucher
Sur ce lit de velours qui mollement s'incline.

« Dans un chalet rustique, exempt de tout souci,
« Dis-je à mon compagnon, qu'on serait bien ici ! »
Un bûcheron, passant par là, se mit à rire

Et répondit : « L'endroit qui vous paraît si doux
Devient, quand la nuit tombe, un repaire de loups. »
Nous quittâmes ces lieux pensifs et sans mot dire.

A LA VAL D'AQUA

(Au mois de Mai)

Avec quel bonheur je revois
Ces verdoyants coteaux en pente
Et cette route qui serpente
Et sur la roche et dans les bois.

Sous la mousse on entend parfois
Un petit filet d'eau qui chante ;
De tous les coins sort une voix
De rossignol qui vous enchante...

A l'ombre des grands chênes-verts
Le poëte cueille les vers
Que le frais vallon fait éclore ;

Pour achever de l'embellir
Il lui faudrait le souvenir
Ou d'un Pétrarque, ou d'une Laure.

A SALONNET

(L'ancien emplacement de Salon)

—

Depuis longtemps je voulais voir
L'ancien berceau de ma patrie ;
Je remplis enfin ce devoir.
J'y transportai ma rêverie ;

Et mon œil put apercevoir
Un soupçon de maçonnerie
Et deux morceaux de poterie
Dans une espèce d'entonnoir.

Comme j'étais loin de Palmyre !
Des fûts de colonnes puissants
Sur leur piédestal fléchissants,

Là ce n'est pas ce qu'on admire.
Mais enfin notre Salonnet
Méritait ce petit sonnet.

A SAINT-PIERRE

—.

Par un chemin étroit où la ronce et la pierre
Embarrassent nos pas et nous font trébucher,
Nous gravissons la côte, et nous venons toucher
Au but de notre course, au château de Saint-Pierre.

Son cube est imposant, son attitude est fière ;
Il commande aux vallons assis sur son rocher ;
Il reçoit les premiers rayons de la lumière
Et peut voir le soleil dans la mer se coucher.

De ses grands maronniers la voûte vous abrite,
La fauvette et le merle y donnent leurs concerts ;
L'eau si rare en montagne ici n'est point un mythe ;

Elle murmure et coule en mille jets divers
Véritable oasis au milieu des déserts,
Je lui fais chaque année au moins une visite.

A THALAGARD

(Le Sauvage)

—

Sur notre territoire il est une vallée
Qui porte bien son nom, celui de *Thalagard*.
La ravine est scabreuse, inégale, isolée.
Tout dans ces lieux déserts attriste le regard.

Plus on avance et plus la voie est désolée ;
On se trouve bientôt cerné de toute part ;
Le vallon s'étrécit ; une roche écroulée
Devant vous quelquefois surgit comme un rempart.

A la fin cependant le paysage change.
Mais en s'élargissant, il devient plus étrange.
La solitude prend quelque chose de noir.

C'est un vaste circuit de montagnes sans nombre
Où règne le silence, et dont l'aspect est sombre
Comme d'Alighieri l'infernal entonnoir.

A LA BELLE D'ARGENT

(Au mois de Mai)

Coin de la Suisse en miniature,
Toi qu'on nomme *Belle d'Argent*,
Tu ne vaux pas beaucoup d'argent ;
Avec cent pas on te mesure.

Mais vit-on plus riche verdure ?
Et pour le poëte songeant,
Quand se réveille la nature,
Est-il réduit plus engageant ?

Le linot, la bergeronnette
Y murmurent leur chansonnette ;
Le premier ténor rossignol

Y file sa note éclatante
Sans trop s'inquiéter s'il chante
En la mineur ou mi bémol.

A NOTRE-DAME

Aujourd'hui, cher lecteur, nous allons, si tu veux,
Côte à côte gravir cette haute colline ;
Le chemin est montant, roide et capricieux ;
Pourtant nous arrivons au point d'où l'on domine

Sur tous les alentours. Spectacle merveilleux !
Le mont Sainte-Victoire avec sa haute mine
Se dresse vis-à-vis de la montagne alpine ;
On dirait deux géants se mesurant des yeux.

Le désert de la Crau même à nos pieds commence
Et se déroule au loin comme un tapis immense
Où la locomotive au panache flottant

Roule et gronde sans cesse. Encore plus lointaine,
La mer fait scintiller son miroir éclatant
Qui finit par se fondre en la nue incertaine.

LA SOURCE

La roche moussue et pendante
Du soleil vous met à couvert,
Et laisse tomber de sa fente
Un ruisselet dont le flot clair

Jase, court et rafraichît l'air.
Au-dessus, ainsi qu'une tente
D'un chêne est le feuillage vert
Où s'enlace une fleur grimpante.

Charmant, délicieux séjour
Où j'ai souvent passé le jour ;
Cher à l'oiseau, comme au poëte,

Où de tous les bruits on est loin.
Mais le nom de ce petit coin ?...
Il est doux comme lui : *Fontèle.*

LE DINER SUR L'HERBE

On arrive enfin au bout de la course.
De faim et de soif nous sommes rendus.
Nous campons auprès d'une claire source.
Sur un frais gazon bientôt étendus,

De nos havre-sacs nous vidons la bourse.
C'est un poulet froid, et des plus dodus,
Le pain, les œufs durs fraîchement pondus
Et certain pâté, morceau de ressource.

A jouer des dents on ne fut pas long,
Le vin était sec, il se laissait boire.
Monsieur Lucullus, connu dans l'histoire

Pour ses grands festins donnés au salon
Que l'on appelait salle d'Apollon,
Ne dînait pas mieux, vous pouvez le croire.

PROMENADE DU MATIN

Comme Jeannot lapin, sans être vertueux,
Parfois on peut aller voir se lever l'aurore
Et l'admirer sortant de son lit somptueux
Que le safran nuance et la rose décore.

Elle blanchit d'abord les pics majestueux ;
La brume du matin par degrés s'évapore ;
Chaque objet tour à tour s'éclaire et se colore,
Puis le vaste horizon se déroule à nos yeux.

Le jour a sur la nuit remporté la victoire ;
Le soleil monte ainsi qu'un roi brillant de gloire ;
A son aspect ont fui les étoiles du ciel.

Tout renaît cependant, tout revit, tout s'éveille ;
Ici chante l'oiseau, là bourdonne l'abeille,
De la création c'est l'hymne universel.

PROMENADE LE SOIR

Au flanc de la colline, aux approches du soir,
Lorsque le soleil va terminer sa carrière,
Sous un chêne souvent je suis venu m'asseoir
Pour contempler le jeu de sa molle lumière.

Oh ! combien la nature alors est douce à voir !
Elle semble sourire à son heure dernière.
L'air est plus frais, plus pur. Une brise légère
Murmure dans la branche en la faisant mouvoir.

La nuit descend bientôt couvrant tout de ses voiles,
Et déployant aux cieux son grand manteau d'étoiles.
Je quittais à regret mon siége de gazon,

Et de cet univers remontant à la cause,
Comme Garo, louant l'auteur de toute chose,
    Je retournais à la maison.

PROMENADE LA NUIT

Il est pour les rêveurs un spectacle charmant ;
C'est une nuit d'été sous le ciel de Provence.
Allez dans la campagne, et sur une éminence
Tranquillement assis, voyez ce firmament

Où l'artiste divin sema le diamant
Dont l'éclat vif du jour fait oublier l'absence.
Il règne autour de vous un si profond silence
Que votre oreille alors perçoit distinctement

Le bruit le plus léger ; à travers les ramées,
Le vague frôlement des brises parfumées ;
A l'horizon lointain un cheval qui hennit ;

Le gémissement sourd, plaintif, de la chouette,
Le babil d'un ruisseau, le son d'une clochette,
Et le chuchotement des oiseaux dans leur nid.

L'ORAGE

C'était l'après-midi d'un jour d'août, je crois.
Nous nous étions assis au seuil de la chapelle
Qui se trouve au sommet du mont de Sainte-Croix.
La vue est de ce point immense et solennelle.

Nous pûmes en jouir, la journée était belle.
Tout à coup l'air fraîchit, s'obsurcit à la fois.
Une nuée au loin s'avance, elle étincelle.
Le tonnerre soudain fait entendre sa voix.

Sur nos têtes déjà l'eau tombe à large goutte.
Nous nous réfugions aussitôt sous la voûte.
A peine entrés, l'orage éclatait fulgurant.

La montagne tremblait ; les nuages compactes,
Enténébrés, semblaient se fondre en cataractes ;
Et nous, pâles d'effroi, disions : Dieu seul est grand !

LA PROMENADE DU DIMANCHE

Voyez-vous cette allée à la verdure épaisse ?
Le dimanche, en été, lorsque le soleil baisse,
Nous laissant respirer un air plus frais, plus doux,
Les élégantes là se donnent rendez-vous.

Quelle variété de teints, quelle richesse !
Celle-là, brune vive, a les yeux andaloux,
Celle-ci, blonde calme, a de la morbidesse.
Passons sur le costume, Arle en serait jaloux.

Le Nord offre, il est vrai, des femmes ravissantes,
D'éclat et de fraîcheur toutes éblouissantes
Ayant un port de reine ou de divinité.

Mais notre jeune fille a bien mieux avec elle ;
C'est le mol abandon, la grâce naturelle,
Cette grâce plus belle encor que la beauté.

LES FRUITS DE LA PROVENCE

Tu n'es pas de granit, ô terre de Provence,
Mais les chênes altiers croissent dans tes vallons ;
Le blé germe à ravir dans tes heureux sillons ;
Le ciel semble avoir mis en toi sa complaisance.

Quelle variété de fruits, quelle abondance !
Tes pêches de velours et tes pansus melons
Que nos cultivateurs récoltent par millions
Vont charmer tous les ans le reste de la France.

Et la poire, et la figue, et la prune aux goûts fins,
Font plier sous leur poids l'arbre de tes jardins.
Quelle olive vaudra notre olive de Grasse ?

Trouve-t-on en Sicile un plus exquis raisin ?
Comme il est parfumé, fortifiant ton vin !
Il aurait fait jadis les délices d'Horace.

LE MISTRAL

C'est toujours le vent noir dont nous parle Strabon,
Qui depuis deux mille ans rugit et s'époumonne,
Arrête un cavalier et vous le désarçonne,
Ainsi qu'un brin de paille enlève une maison,

Courbe le chêne altier, lui brise sa couronne,
Plus prompt qu'un moissonneur un champ de blé mois-
[sonne.
Vous fauche une prairie, et, (du moins le dit-on),
Rase comme un tondeur la laine du mouton.

Et voilà ce charmant, cet amoureux zéphire
Qui sur les bords du Rhône exerçant son empire,
Prodigue ses faveurs à mon pays natal.

Trois fléaux désolaient notre vieille Provence :
C'était le parlement, le mistral, la Durance,
On ne dit pas lequel était le plus brutal.

SONNETS PROVENÇAUX

AU LETOUR

—

Ai assaja (mai quint assaùt!)
Lou franciot su la Prouvenço;
Sarié-t-i pas de counvénenço
D'acaba per lou prouvençau?

Que dé croyo è dé suffisenço!
Si souné mancaran dé saù,
Vaqui cé qué lou letour penso.
Ami, qué vouas, ai fa lou saùt.

Quant à vous aùtre, chers felibre
Qué fabrica dé tant bèu libre
A mà muso trouves pa tort;

Pardouna li soun imprudenço;
Agues per elo l'indulgenço
Qu'aù feble deù toujours lou fort.

LIS ÉIRÉTIE

Dé mouri mestre Pierre a fa la talounado ;
Ero, coumo sabè, dei riche dé l'endrét.
Et, n'aguen ges d'enfants, sa fourtuno es anado
A dous nébous ; veïci coumo y a fa son dret :

La terro émé lou mas, li coussous, la manado,
Lis escus sount lou lot dé Baptiste ; à Jeanet
Li laïsso lou cabot émé lou jardinet,
Un pécioun que tent bessaï très eminado.

Jeanet plouro soun ounclé et lou regretto ben ;
Maï Baptisto qu'agu tout lou resto daù ben
Fa ren qué remaùmia, ren qué dé gémitori,

Et dis : aqueù cabot qu'anavian touti dous
Tant souvent visita, mé sariè fouasso dous,
Et mé rappélariè dé longo sa mémori.

LOU SOUNET DÉ DESBARAU

(Revira en vers prouvençau)

—

Ta justici, grand Dieù, règlo teï voulounta,
Et sariè toun bonur dé m'estre favourable,
Maï t'òufensere tant qué jamaï ta bounta
Pourra davant teïs uè mé rendre pardounable.

O, moun crime t'a més dins la nécessita
A la fin de puni, d'espòuti lou coupable.
Pouas-t-i mé sauva ? noun, et méme ta pieta
Dèu veïre s'accoumpli lou sort d'un misérable.

Eh ! ben, s'acò es ensin, countento té, signour,
Bacèlo ; tengues pas trop compte dé mi plour ;
Pico, trono, es lou tems ; rends mé guerro per guerro ;

Maï, su moun corps, mounté picara toun tounerro,
Digo, su quint endré qué noun siègue, ò moun Dieù,
    Tout couvert dau sang de toun fièu.

A F. MISTRAU

Quand bouffo et bramo lou mistraù
Fa trembla touto créaturo ;
Y a coumo un tron dins la nature ;
La bèsti fugis dins soun traù ;

Te chaplo l'éuse su l'àuturo
Encaro mies qu'uno destrau.
Dégun tant ben qué tu, Mistrau,
Dòù cifer a fa la pinturo.

Lis aùtre vent et ventoulet
S'amoulounoun, et tout soulet
Rounflo et cougno lou dérabaïre.

Ansin leï félibre espanta
Devenoun mu per escouta
Quand tu pièutes, ò grand troubaïre.

APRÈS

—

Cé qué nous proumetien li sàgi
Ven darriva et lou rasteù
En Franço a tout més dé niveù ;
S'es accoumpli lou grand partagi.

Chacun dé terro a soun mouceù
Et chacun a lou méme oubràgi.
Es aco qué s'apelo l'àgi,
L'àgi d'or, l'àgi lou pu bèu.

Lou radicau dounc sé regalo
Car soun régime es trioumphant ;
Lou paùre émé lou riche fan

Toutei dous uno mino égalo :
Sé lou proumier a la fringale,
Lou segoud crebo dé la fam.

LA SURETA PUBLICO

Aro leï voulur an bèu juè,
L'on poù pas dire lou countràri;
Leï maùfatan an l'aùtro nuè,
Durbi l'austàu dé moussu Clàri.

Lou matin, lou proupriétàri
Ves sa boutigo en des à uè
E courre vers lou coumissàri
Qué plan-plan se rend su lou luè.

L'agent dé la lei régardavo
E puis la testo boulégavo.
— Eh! ben, dis l'aùtre, qué pensa

D'aquel ourible préjudici?...
— Pense, dis l'homme de justici,
Qué se fàu ben barricada.

GRANDO VITESSO

En patacho autri fes per ana soulamen
A Lyoun, fouliè ben uno semano entiéro.
Aujourdhueï li wagon van d'une autro manièro,
E veïci cé qué s'es passa darnieramen :

A Paris, per Marsio, Auzias soun biet prend.
Es un pau en retard, an ferma li pourtièro;
Pamen un emplega de mino cavalièro
N'en duerbe uno et dedins lou pousse rudamen.

D'òu Prouvençau alors tout lou sang se revlo :
Levo la man et vòu pica su lei couqulo
Dé nouastre Parisien. Subran lou trin partè

Pu vite que l'uiau, de façoun que siguè
Jus et jus l'emplega de la garo à Marsio
   Que la boufiardo récebè.

UN LEGATARI

« Ièu, dins touto ma couneissenço,
« Lègue à mon nébou Grafignèu
« Un millien de ben au soulèu ;
« L'argent et leï récouneissenço.

« Maï voualé qu'en récouneissenço
« En mon ounour fague un toumbèu
« Emé lou marbre lou pu bèu,
« Uno obro de magnificenço. »

L'ouncle trépasso; lou nébou
Sé mete en poussession dé tout ;
Ensueïto dins lou cementèri

Su uno peïro planto uno croux,
Disen : « Perqué tant dé matèri ?
« Lou simple es toujours dé bon gous. »

LOU SERMOUN

—

Un jour un bon cura préchavo ;
Ero lou sant jour dé Nouvè,
Tout lou villagi y assistavo,
Et pamen, fasié gés d'effet.

La souam pesavo su lis uè ;
Lou Sueisse méme badayavo ;
Lou mairo su soun ban droumiè ;
A cousta d'éu l'ajoint rounflavo.

D'aco d'aqui destimbourla,
A l'ajoint moussu lou cura
S'adreïsso d'aquesto maniero :

« Moun bon moussu l'ajoint, pardoun ;
« Sé rounfia d'aquelo façoun,
« Reviarès moussu lou mairo. »

UNO LUNO DE MEU

Eu li disié : Dins la campagno
Establiren nostre sejour ;
Es aqui ma douço coumpagno,
Es aqui qué duro l'amour.

— A la villo l'ennueï me gagno,
Respoundiè la bello à soun tour ;
Respira l'èr dé la mountagno,
Qu'ouro lou veïren aqueù jour ?...

Enfin, lou cura leï marido,
S'encouroun leù à la bastido ;
Y a pas d'acò dous més enca ;

Sé la crounique n'en fau creïre,
Se pouadoun plus senti ni veïre,
Soun coumo lou chin et lou ca.

LOU PASSOPORT

Un drole de Marsio aviè per s'absenta
Bésoun d'un passoport. Sabè què la leï èro
En l'an nonante-très su d'aqueù point sévèro.
A la maïsoun coumuno anè lou réclama.

« Pichot, digo mi ben, li démandè lou mairo
« Digo-me ben l'endré mounté comptes ana —
« A Brignolo; es aqui qué se trovo ma mère,
« Es aqui, citouyen, qué me vòu marida. »

Lou mairo n'aviè pas trop fréquenta l'escolo ;
Coumo fouliè l'escrièure aqueù long mot : *Brignolo*
Lou fasiè véni vert, n'en déveniè calu.

Assajo, rècoumenço, et s'arresto, et suspiro...
Tout d'un cò vers lou drole émé lou fun sé viro
Et li di : maï per qué té marides pa au *Lu!*

LA QUISTO

—

Lou cura d'un villagi un jour dins sa capèlo
Dessus la carita prechè emé tant d'entrin,
Esmòuguè talamen lis amo qu'à la fin
Dérabavo de plours de touti leï parpello.

Lou capelan vésen acò, soun clerc appèlo,
Li di : « Prends moun bouné, vaï quista Zephérin,
« Proufito doù moumen aro qué soun en bello. »
Lou calot révenguè maï émé ren dédin.

Ren !... lou vieï cura qué d'esprit n'ero pas senso
Leï bras en l'air cridè : « Mon Dieù, escouta-mè ;
  « Vous aï fouasso récounaissenço

  « O bon signour d'avé permé
  « Qué révegnesse moun bouné
« Apres avé passa per uno talo engenço ! »

UNO BRAVO FIO

—

A-n'-un mariagi es envitado,
É sé parlo d'un grand festin.
S'es levado dé bon matin ;
Davan lou miraù s'es coïffado ;

A mes sa raubo de satin,
Parfaitamen descouletado
Pueis seï gant et seï broudequin ;
Enfin, èro ben aliscado.

Au moumen qu'anavo parti
Qu'aucun arrivo qué li di :
« Madamo vostro mèro eï morto...

— Eh ! bèn, respond lou cabrian,
« Eh ! bèn, aquelo es un pau forto,
« Poudie-ti pas'spéra déman ? »

LA RIMO RICHO

Aro s'occupon dé la rimo
Fouasso maï que de la résoun ;
Aqui dessus chascun s'escrimo ;
Es uno fèbre, es un besoun.

Talo pèço n'a ges de foun ;
La fin deï vers es richissimo ;
Jijè nous dis qu'aqui nia proun ;
E la batejo obro sublimo.

Aquelo façoun de rima
Ièu pense que fa desbarja ;
E, ce que ben souvent mé facho

E mé douno lou mau de couer,
Es de trouva la coua d'un pouer
Mounté cresièu veïre un plumacho.

SE PLAGNEN PAS

(A-n-un Félibre)

—

Hier, me disies eme lou fun :
« Ai fa'n libre de cansouneto
« Gento, aliscado, poulideto ;
« Qu leis a legido?... Degun.

« Avièu tant ben canta l'aubeto ?
« Su la terro n'es qu'amarun,
« (Ajustaves dins toun plagnun),
« Fau dounc esclapa la museto ? »

Tes-te, confraire, et penso à Dièu ;
Soun oubràgi vau ben lou tieù ;
Fabriquè, lou grand travaillaire,

La flous, l'estelo et lou souleù ;
Qu s'amuso à trouva aco beù ?
Nia, lou sabe, mai soun tant gaire !

A ZOILO

Degun a sachu t'agrada
Jamaï un vers pousquè te plaïre ;
I a ren qué tu de bon troubaïre.
A la fin, per te countenta,

Digo me'n paù ce que fau faïre.
Tè, sièu ben ségur que déjà
Dises que meï rimo de caïre
Ensemble an Jé peno à marcha.

L'obro la pu pleno de gràci
A teis uè qu'ouro a trouva gràci?...
Dins un uou cerques d'agranas

Et de taco dins leis estelo.
Sabes-t-i coumo acò s'apelo?...
Cassa de mousco émé lou nas.

LA MANIERO RELEVO LOU BENFA

A travaïa Janet touti li jour s'espéïo ;
Bèu que d'aïgo, lou paure, et soun vieï medecin
Per sa santa li dis de bèure en pau de vin.
Aro mounté s'en trovo ?... Un ami li counseïo

Senso crento d'ana trouva moussu Cauvin,
Un gros ladre !... pamen Jean suive aquelo idéïo ;
L'avare, en rémaumian, n'in lacho uno boutéïo ;
Et qu'auqueï jour après Jean li parlavo ansin :

« Vouestré vin èro bon coumo n'es pas de creïre ;
« Vous n'en remercieou ben, en vous rendent lou veïre »
Moussu Cauvin siguè d'aquèu discours flatta :

Pueis, apensamenti, li diguè : « Pouadé veïre
« Ma bouteïo, mignot, et n'en sieù encanta ;
    « *Maï aves oùblida lou ta !*

A TOUNIN

Sies païsan, Tounin, toun lot n'es pas lou mendre ;
Es bessaï lou pu bèu. Aï toujours pensa, ièu
Que su terro i a pas bonhur coumo lou tièu.
Acò, moun cher ami, te vague pas susprendre.

Un ancien que devrian toutei per couer apprendre
Nous dis en vers cent fés pu pouli que leï mièù :
« Uroux l'ome deï champs, sè lou poudiè coumprendre,
« Lou counaïsse lou sort que li feroun leï Dièu... »

Raisounavo pas màu lou brave et bon Vergèli
Aujourd'hueï té diriè : « Pratiquo l'Evangeli ;
« Es lou soulet camin ; e mesfiso té ben

« Deï proufeto nouvèu, nouastreï pretendu sagi
« Que fan davant teïs uè lusi fouassi miragi,
« Et té proumettoun mai de buerri qué dé pen. »

QU'AUQUEI FABLO

DE LAFONTAINE

REVIRADO EN VERS PROUVENÇAU

A JEAN L***.

—

Jean, per loucha me tu fau avé de couragi,
Un gaubi subre tout coumo n'es pas lou mièu ;
Me pardounaras dounc, grand Jean, se moun lengagi
Au lectour offro pas meme l'oumbro d'où tièu.

LOU MAUNIER, SOUN FIEU ET L'AI

—

Dédins un libre ancien une fès legissièu
Qu'un maunier deja vieï anavo eme soun fièu,
Un drole de quinze ans, vendre un ase à la fièro.
Per qu'aguesse au marca la mino un pau pu fièro
E lou rendre pu fres, veici, nouastreï fena,
Ce que dins soun esprit s'èroun imagina.
I estaqueroun li pè, pueis vous lou suspendèroun,
E pueis touti dous coumo un lustre lou pourtèroun :
Lou premier què veguè l'espétacle, espanta,
Tout d'abord faliguè daù rire se creba :
Lou pus ase di tres n'es pas queù que l'on penço,
Cride-t-i. Lou vieï ves alors soun ignourenço ;
Pauso lou boùrriquet et lou fa destaca.
Aques qu'amavo fouart l'autre façoun d'ana
Se plagne en soun patois de faire à pè la routo,
A bello crenia, lou maunier pau l'escouto ;
Fa mounta soun pichot, suive et tres bons marchands
Vengueroun à passa ; lou pu vieï su lou champ

Aù jouvent, tant que poù crido : quinto soutiso !
Jouïne home, te fau dounc varlet à barbo griso ?
Maï ero à tu de sueïvre, au païre de mounta.
— Messiés, dis lou maunier, vous anen countenta.
Lou pichot sauto au sòu, lou vieï se réquinquio
Su l'ase. Ententerin passo très jouino fio.
La pu grando di tres au païre s'adreïssant,
Li dis : fa pas pieta dé veïre aquel enfant,
Aqueu tendre jouvent, en sueito de soun païre,
Peniblament, d'apè, se tirassa, pécaïre,
Quand, d'un autre cousta fau veïre aqueù nigaud
Que vent, escambarla coumo un gros cardinaù,
Fa lou vudeù su l'aï et penso estre ben sagi. —
I a plus, dis lou maùnier, de vudeù à moun agi,
La fio, cresé mé, vouastre camin passa. —
Après quauqueï bons fions co su co relança,
L'ome cres d'ave tort, mette soun fieu en croupo.
Au bout de trento pas uno trésiemo troupo
Arrivo : qu'aucun dis : qu'an dounc dins lou coco,
Aquel aï n'en poù plus et toumbara dei co ;
Es ensin que se cargo uno pauro bourriquo !
An dounc ges de pieta per soun vieï domestico ?
Van vendre senso doute à la fiero sa peù.
Es avé, dis lou vieï, un ploumb dins lou cerveù

Dé vougué countenta tout lou mounde et soun païre;
Pamen, veguen un pau s'aco pourriè sé faïre,
Se n'en vendren à bout. Descendoun touti dous.
L'ase marcho davant, soulet, trovo aco doux.
Un *quidam* leï rescontro et dis : nouvello modo !
L'ase se paupo ben, lou maunier s'incoumodo !
Qu de l'ase ou daü mestre es fa per s'alassa?
Aquélei gens devrien ben lou faïre enchassa.
Meinageoun soun asoun, gausissoun sa caussuro.
Nicoulas au rebous; encambo sa mounturo
Quand s'en va veïré Jeanno, et la cansoun lou dis ;
Beu trio d'aï ! — Lou vieï respoundé : Cadedis!
Sieu qu'un ase, lou sabe et fau que n'en counvengue;
Maï sigues n'en ségur, aro que quaucun vengue
Me blama, m'approuva, mé dire quaucaren !
A ma testo faraï !... lou fagué, fagué ben.

LOU REINARD, LOU LOUP ET LOU CHIVAU

Un reinard jouine enca, mai finocho, un fiambeù,
Ves lou proumier chivau qu'aviè vis dins sa vido
E dis a certen loup, berigas : Veue leù !
Ai vis dins nouastrei prad l'animau lou pu beu,
Et grand ! N'en ai la visto enca toute ravido !
      Lou loup li respouande en risen :
Es-ti pu fouar que nautre ? Oh ! fai me sa pinturo.
S'ère pintre, escoulian, et s'avieu l'escrituro
Avançarièu per un portrait d'après naturo
La joio et lou plaisi qu'aùrias en lou vèsen.
      Mai venè, tenten l'aventuro ;
      Qu sòu? bessai es un mouceu
      Que vou ben nous manda lou ceu.
Partoun, e lou chivaù que mangeavo l'herbeto,
      D'aquélis amis pau curieu,
      Se démando se vau pas mieù
      Prendre de poudre d'escampeto.
Lou reinard s'approuchant, li fasent la courbeto,

Dis : Vouestreïs humble servitour,
Apprendrien voulentiers, signour,
Vouastre noum.—Lou chivaou, qu'es pas senso cervello,
Respond : Legissè lou, per ieu es ben d'hounour ;
Moun courdounie l'a mes autour de ma sémèlo. —
Ieu, respond lou reïnard, sabe jus et jus ren ;
Meï paren n'an qu'un trau, et pas la mendro obolo ;
Maï aqueleï dau loup, aco ès ben différen,
Es deï gros d'au païs, et l'an manda à l'escolo.
  Lou loup, d'aqueù discours flata,
  S'approuché, maï sa vanita
Li cousté quatre dent ; lou chivau té li mando
Un co talamen fouar, et tant ben ajusta
  Que lou paure loup n'en demando
Pas soun resto ; toumbè saunous, esmaluga.
  Lou reïnard alors lou regardo
  Et dis : Eiço nous provo, ami,
  Ce que m'an di dé gens d'esprit :
Lou coulèguo vous a su leï ganacho escrit
  Qu'és sagi de se mettre en gardo,
  Et que se fau ben mesfisa
  Deï gens quand leï couneissès pas.

LEIS ANIMAU ATTAQUA DÉ LA PESTO

Un maù de la malédicien
Qué lou bon Dieu, dins sa coulèro,
Inventé per la punitien
Deï capounariè de la terro,
La pesto! (vous aï di lou noum d'aqueù cifer).
Capablo dins un jour de clafi tout l'infer,
Eis animau fasiè la guerro.
Touteï li succoumbavoun pas
Maï touteï eron attaqua ;
Touteï, la mino espaloufido,
Amata, l'ue triste et mouren,
Avien plus envejo dé ren.
N'en vesias gés cercant sa vido.
Leï loup ni leï reïnard eroun plus acata,
Espinchant lou gibier et lest à l'aganta.
Leï tourtourello senso voyo
Se fugissien ; plus ges d'amour, plus ges dé joyo.

Lou lioun alors ten conseù
Et dis : meï chers amis, lou ceù,
S'a coumanda aqueù mourtalagi,
Es qué sian un paù trop voulagi,
E coumo aven fouasso péca,
A soun tour nous a pas manqua.
Faù qué lou pu marrias de naùtre
Se sacrifie per leïs autre ;
Aqueù mouyen bessaï sariè
Ségur, e touteï sauvariè.

La cavo es pas nouvello, et s'aï bonno mémori,
Lou fasien temps passa, l'aï légi dins l'istori.
Adounc siguen pas trop per nous aùtre indulgent,
Meïs bons amis, e descenden
Dins lou found dé nouastro counscienço.
Quant a ieu, vous diraï qué per meï gulatoun
Aï dévoura fouasso moùtoun.
E qué m'avien-t-i fa ?... Pecaire, nullo òufenso.
Et, se faù tout vous dire, aï, coumo un enragea,
Quaùqeï fés lou pastre mangea.
Sé lou voulé, sieù les à me sacrifia.
Maï es juste qué chacuu digue
Coumo ieù touti seï peca
Et qué lou pu meïchant perigue.

« Siro, di lou reinard, sias trop bon emperour,
Trop dalicat, trop grand dedins vouastro counfesso;
Eh ! ben, crouca moùtoun, canaïo, sotto espèce,
Es-ti peca? noun, noun, li fagueria, signour,
   En leï crouquant, fouasso d'ounour.
   Per quant au pastre, l'on pòu dire
   Que bessaï méritavo pire;
Aqueleï bonno gens se soun imagina
D'estre neisçu lei mestre et de nous doumina. »
Ensin dis lou reïnard; flattours applaùdigueroun;
   Et ben gaïre approufoundigueroun
De l'ours, d'aù tigre, ni deïs aùtre capoulié
   Leïs pus ourriblo vilaniè.
   Chacun ven prendre la paraulo,
   Et chacun se vanto, s'espaulo;
Touti leï broquo ensin tour à tour s'ensençant,
Jusqueï chin, aurias di qu'ero de pichot sant.
L'ase vent à soun tour et li dis : mi souvène
   Què dins un prad de capouchin passant,
L'herbo, pueis l'occasien, la fam, et, n'en counvène,
   Quaùque diable aùssi me poussant,
D'aqueù prad, meïs amis, prenguere uno mordudo...
   N'en sigué pas senso inquietudo,

Car n'avieu pas lou dré, vous lou counfessaraï...
Touteï ensemble alors crideroun : Zou su l'aï !
Un vieï loup qu'aviè fa ségur sa rethoriquo,
Li prouvé qu'ero urgent d'espoùti la bouriquo,
Qué fouliè courre su lou maùdit animaù.
Lou pela, lous galous, autour de tout lou maù.
    Sa peccadillo es cas pendable;
Mangea l'herbo deis aùtre ! ô crime aboùminable !
Lou paùre ase siguè sacrifia subran.

Sélon ce que sares, puissant ou miserable,
Lou jugeamen deï gens vous rendra negre ou blanc.

SOUVENIRS

D'ITALIE ET DE LA SUISSE

AVIS AU LECTEUR

Mettre un voyage en vers est-ce une idée heureuse?
Peut-être, ami lecteur, la prose vaudrait mieux.
Mais quand on a foulé la terre merveilleuse
Où l'oranger fleurit sous un ciel radieux,
Je ne sais quelle voix douce et mystérieuse
Vous souffle, malgré vous, le langage des dieux.

NICE

Une ville assez ordinaire,
N'ayant rien de monumental,
Mais un ciel pur comme un cristal
Et doux au valétudinaire,

Pour la cité point capital.
Car on sait que le poitrinaire
Quand il est prince ou millionnaire,
De Nice fait son hôpital.

Du reste, belle promenade
D'où l'on peut contempler la rade ;
Des palmiers et de verts massifs ;

Tous les mylords de l'Angleterre,
Des riches de toute la terre,
Des hôtels pour les plumer vifs.

MONACO

Non, vous ne pourriez voir sites plus enchanteurs.
La nature est ici dans sa pompe et sa grâce.
Des Alpes dans le fond dominent les hauteurs,
Contre les vents du Nord gigantesque cuirasse.

De leurs pics à la mer, remplissant tout l'espace,
Se déroule un tapis de verdure et de fleurs.
Doux est l'air qu'on respire, et la brise qui passe
Vous apporte toujours d'enivrantes senteurs.

Saphir liquéfié, la Méditerranée
Baigne amoureusement la rive couronnée
De rocs verts, chevelus, de l'écume émergeant.

En la voyant ainsi reposée et sereine,
Et si majestueuse, on dirait d'une reine
La longue robe bleue à la frange d'argent.

DE NICE A GÊNES

Avez-vous parcouru cette magique voie
Bordant toujours la mer, longeant les Appenins,
Magnifique tableau qui sous l'œil se déploie,
En nappe étincelante, en montagne, en jardins ?

Au milieu des parfums que l'oranger envoie,
Tantôt c'est la villa riante sous les pins,
Tantôt une colline où le soleil flamboie,
Où la sombre vallée et ses profonds ravins.

Vous ne cessez ainsi d'avoir (quatre-vingts lieues!)
A gauche la verdure, à droite les eaux bleues,
Qu'un ténébreux tunnel voile de temps en temps,

Comme un silence après une douce harmonie ;
Mais la nuit est bientôt de la clarté suivie,
Et vergers, monts et flots brillent plus éclatants.

GÊNES

Son golfe s'ouvrit à ma vue
Et m'éblouit de son éclat ;
J'ai passé par sa grande rue ;
Ses plus beaux monuments sont là.

J'ai visité l'*Aqua sola*.
De Colomb j'ai vu la statue
Que sur une place un peu nue
Son patriotisme installa.

Ses grands palais construits en marbre,
Les citronniers qui sont ses arbres,
Oh ! oui, j'en fus très-enchanté.

Ses mendiants à basse mine
Et que dévore la vermine,
J'en fus encor plus dégoûté !

ROME

Nous voilà donc enfin dans la ville éternelle !
La géante cité mérite bien ce nom ;
Là-bas le Colisée, ici le Panthéon
Que le temps n'a pas même effleuré de son aile ;

Et puis Saint-Pierre dont la voûte solennelle
Vivra, sans doute, autant que la religion :
De monuments pareils jamais réunion
Des mortels étonnés ne frappa la prunelle.

Et l'on court, admirant la grandeur et l'éclat
Des chefs-d'œuvre sans fin qui se rencontrent là,
Palais, cirque, tombeaux, église, temple ou dôme,

Et, saturé, l'on dit : Qu'est-ce que tout cela
Auprès du saint vieillard, de nos jours seul grand homme,
Qui, portant la tiare, est prisonnier dans Rome !

1875.

LE MOISE (de Michel-Ange)

A Rome

Nous avons devant nous l'œuvre du grand sculpteur.
Le ciseau n'enfanta rien de plus grandiose.
L'œil orageux projette un éclair, et l'on n'ose
Soutenir le regard du fier législateur,

Tant il est courroucé. Son front dominateur
A deux cornes, et sur son fort genou repose
La table de la loi. Dans sa terrible pose,
C'est bien de Jehova le digne ambassadeur.

En harmonie avec sa stature puissante,
La barbe du prophète est longue et menaçante,
D'une sainte fureur semblant se hérisser.

Le colosse est assis, mais d'une façon telle
Qu'on se dit : S'il allait pourtant se redresser ?
Et vous êtes saisi d'une frayeur mortelle.

TIBUR — HORACE

—

Fuyant la campagne malsaine
De Rome et le contact impur
De la société romaine,
Horace courait à Tibur.

C'est là qu'il retrouvait sa veine ;
Là que sous un beau ciel d'azur,
L'ami d'Auguste et de Mécène
Sculptait son vers brillant et pur.

Il chantait le vin ; pour la guerre
Il paraît qu'il ne l'aimait guère,
Témoin, dit-on, ce bouclier

Qu'il oublia dans la défaite.
Mais s'il fut un petit guerrier,
Existe-t-il plus grand poëte ?...

NAPLES

Un mouvement, un bruit continus, frénétiques,
L'odeur de la friture et des macaroni ;
Des enfants demi-nus, et des lazaroni
Exploitant les marchés, la rue et les boutiques ;

Corricolos luisant de cuivre bien poli,
Traînés à fond de train par des chevaux étiques ;
La voilà la cité des rêves poétiques,
Dont on a dit : *La voir et mourir*... Napoli !

Si la rade est très-belle, oh ! je vous le concède ;
Si le ciel est très-beau dans cet air pur et doux,
L'immense ville nous semble quelque peu laide.

Mais soyons cependant juste, et souvenons-nous
Du quartier dont Paris pourrait être jaloux ;
C'est, vous le devinez, la *via* de Tolède.

POMPEI

Le ciel napolitain, si brillant d'ordinaire,
Se trouvait ce jour-là couvert et ténébreux.
Pensifs, nous arpentions la ville mortuaire
Qui durant deux mille ans s'est dérobée aux yeux.

A deux pas surgissait le mont dont le cratère
L'ensevelit jadis dans un linceul de feux.
Et toujours il est là le géant solitaire
Terrible, menaçant, morne et silencieux.

Un éclair cependant sillonnant le nuage,
Du Vésuve sur nous bientôt fondit l'orage;
Et nous n'en fûmes pas, croyez-le, bien marris,

Car ainsi nous pouvions conter à nos amis
Avoir vu du volcan, (récit très-véridique)
      Une éruption *aquatique*.

FLORENCE

Voici la perle d'Italie.
L'atticisme est dans les regards ;
La plèbe elle-même est polie
Et n'a pour vous que des égards.

Dans ce brillant séjour des arts
La grâce à la grandeur s'allie.
Ici le voyageur oublie
Naple et la ville des Césars.

Si les neufs Muses que l'on place
Sur la cime du mont Parnasse
Leur haut sommet avaient quitté

Pour se choisir une cité,
Je m'imagine que Florence
Eût obtenu la préférence.

LA VÉNUS DE MEDICIS

(à Florence)

—

Le chef-d'œuvre de la sculpture
A longtemps arrêté nos yeux.
Oh ! l'admirable créature !
Ce front est vivant, lumineux,

Quelle courbe idéale et pure !
L'art, mais un art prodigieux,
N'a-t-il pas vaincu la nature
En créant ce corps merveilleux ?

Dans cette figure divine
Le sentiment que l'on devine
C'est la peur de sa nudité.

Elle semble demander grâce
Pour tant d'incomparable grâce
Et pour tant d'exquise beauté !

VENISE

Les palais se mirant dans l'eau ;
La svelte et rapide gondole
A la flottante banderolle ;
Les quais où passait Dandolo ;

Les bords célèbres du Lido ;
Pêcheurs chantant la barcarolle...
De vouloir peindre ce tableau
Ma muse serait une folle.

Ce n'est pas sa prétention.
Du brillant auteur de Corinne
Il faudrait avoir le crayon,

Ou de Musset la touche fine,
Ou bien l'imagination
Et le pinceau de Lamartine.

MILAN

Cité noble, savante et grave que Milan.
Ses monuments sont tous de forme magistrale ;
S'il est un beau théâtre au monde, c'est la Scale ;
Le dôme est à vrai dire un mont de marbre blanc ;

Sous les feux du soleil splendide, étincelant,
Qu'il est beau de le voir ! La porte orientale
Est un parc somptueux que nul autre n'égale ;
On y peut défier le jour le plus brûlant.

Là j'ai pu visiter l'église vénérée
Dont l'intrépide Ambroise interdisait l'entrée
A Théodose même, empereur ; c'est ici

Que l'on admire au fond d'une abbaye ancienne
Ce merveilleux tableau représentant la Cène,
Que peignit sur un mur Léonard de Vinci.

DE MILAN A TURIN

De Milan à Turin, d'un côté, la prairie
Où fourmillent les bœufs et les moutons bêlants ;
Et de l'autre la chaîne imposante, infinie
Des colosses alpins de neige encore blancs.

Ici le soleil chaud, les oiseaux gazouillants
Et la riche verdure et la brise attiédie ;
Non loin, les pics altiers de glace tout brillants ;
Au mois de mai voilà ce qu'est la Lombardie.

Et six heures durant, sur le chemin de fer,
Aux regards éblouis ce contraste est offert,
Spectacles tour à tour gracieux ou sublimes !

Paysages peut-être unique sous les cieux !
On ne se lasse point de promener ses yeux
De cette terre en fleurs à ces superbes cimes.

TURIN

Quel silence ! on est loin du bruit napolitain.
De voitures la ville est fort peu sillonnée;
Son monarque l'ayant pour Rome abandonnée,
L'ancienne capitale en a quelque chagrin.

Pourtant ne passons pas sans saluer Turin,
Cité toute moderne, en damier façonnée,
Où de son monument chaque place est ornée,
Magnifique séjour digne d'un souverain.

Le *Pô* baigne ses murs. D'opulentes campagnes
Fleurissent à l'abri d'un cercle de montagnes
Dont la neige toujours couronne les sommets.

Si de la *Superga* qui domine la plaine,
Vous allez, un matin, considérer leur chaîne,
Ce coup d'œil doit en vous se graver pour jamais.

LE MONT CENIS

Nous partons de Turin, et bientôt nous passons
Dans l'étroite vallée où la Doire écumante,
Suivant les lieux, rivière ou cascade bruyante,
Confusément charie et neiges et glaçons.

Et nous montons toujours, et nous nous avançons
Vers les hauteurs que suit cette ligne ascendante,
D'un côté la montagne, et de l'autre, béante,
La vaste profondeur qui donne des frissons.

A force de vapeur cependant on arrive
Sous un roc gigantesque, et la locomotive
S'arrête là ; le garde a crié : Mont-Cenis !

A peine a retenti cette voix solennelle,
Que l'immense tunnel traversant les granits
Nous reçoit dans sa nuit qui nous semble éternelle.

LES CHARMETTES

Dès le matin, je fus, d'un saut,
Me promener jusqu'aux *Charmettes*,
La plus charmante des retraites
Et que décrit si bien Rousseau.

J'ai vu la maison, le ruisseau
Et les noyers pleins de fauvettes,
Et la pervenche et les fleurettes,
Tels qu'ils vivent sous son pinceau.

Cette maison pour sa misère
Fut largement hospitalière ;
Que fit le sensible écrivain ?..

Il mit comme une marque infâme
Au front de cette pauvre femme
Dont il avait reçu le pain !

GENÈVE

C'est une ville, en vérité,
Belle et charmante que Genève !
Qu'il est doux, par un soir d'été,
De se promener sur la grève

Du Leman au flot velouté !
Devant vous est le grand Salève ;
Et plus loin fièrement s'élève
Le Mont-Blanc au front argenté ;

Puis ces collines de verdure
Au lac bleu servant de ceinture...
Mais une chose m'a gâté

Ces paysages si suaves ;
Au pays de la liberté
Les catholiques sont esclaves !

FERNEY

—

Ferney veut être visité,
Et de Genève on nous y mène.
Vrai château d'où l'œil se promène
Sur un vaste parc bien planté.

Voltaire était dans ce domaine
Ainsi qu'une divinité
Qu'on encensait. O vanité,
O néant de la gloire humaine !

De l'écrivain si plein de sel,
De cet esprit universel
Dont la France était idolâtre,

De ce souverain du théâtre
Et du fameux historien
Aujourd'hui que relit-on ?... Rien !

FRIBOURG

En passant, je vis à Fribourg,
(Ce spectacle le cœur oppresse),
Son beau collége qui s'affaisse,
Au grand plaisir des forts du jour.

Des prêtres leur jouaient le tour
De bien élever leur jeunesse;
Vite, qu'une loi vengeresse
Vous les expulse sans retour!

Je vis encore, œuvre sublime,
Son pont suspendu sur l'abîme;
Puis, je crus entendre éclater

Dans l'église même, avec rage,
Le soir, un formidable orage,
Tant l'orgue avait su l'imiter.

BERNE

Nous arrivons le soir à Berne,
Capitale de l'Oberland.
L'Are de ses flots bleus la cerne.
Tout respire ici l'Allemand

Et paraît d'une couleur terne.
Si le sol est riche, opulent,
Pas un édifice élégant !
Le palais semble un peu caserne.

Pourtant nous avons admiré
Une fort curieuse horloge ;
Un ours magnifique en sa loge,

Bien gros, bien gras et bien fourré,
Et par le peuple vénéré
Autant que pourrait l'être un doge.

SUR LE LAC DE THOUN

Par notre bateau sillonné,
Ce lac bleu comme une turquoise
D'émeraude est environné.
Sur les bords que le sapin boise,

Qui montent en plan incliné,
Dans le gazon croît la framboise.
Ium fraù qui dix mille pieds toise
Est là de neige couronné.

Nous contemplons d'un œil avide
De ces lieux la beauté splendide
A travers l'eau se reflétant.

Quel calme, quelle paix profonde !
Le bruit des rames fendant l'onde
Est le seul que l'oreille entend.

LE GUICSBAGH

—

Nous laissons bien loin Interlach.
L'allure de la barque est vive ;
Sous une impulsion active
Elle a traversé tout le lac,

Et lorsqu'enfin la nuit arrive,
Que tout s'efface, notre yacht
Nous a déposés sur la rive
A la cascade du Guicsbagh

Qui du sommet d'un haut pic coule,
Dans les rocs en écume roule,
Et qui, dans ce même moment,

Éclairée aux feux de Bengale,
Semble par son embrasement
Une cataracte infernale.

LA CHUTE DE L'AAR

Le guide vint nous prendre et pour chacun sella
Un cheval au pied sûr qui jamais ne s'effare,
Et nous partons pour voir la chute de l'Aare.
Des obstacles par ci, des abîmes par là ;

Mais la bête descend, monte et de tout se gare.
Un bruit sourd se produit. Nous disons : c'est cela.
Nous franchissons le col qui du but nous sépare ;
Le beuglement s'accroît, grandit, nous y voilà !

De plus de trois cents pieds, grondant comme une trombe,
Au fond d'un gouffre l'eau se précipite et tombe,
Dans les concavités écumant, tournoyant

En mille sens divers, et puis elle s'épanche
Ainsi que d'un cratère en large nappe blanche
Sur un beau lit sablé, paisible et verdoyant.

LES ALPES

De rocs amoncelés sublime entassement ;
Précipices sans fond et que nul œil ne sonde ;
Des cascades lançant la poudre de leur onde ;
Des glaciers qui s'en vont toucher le firmament ;

Lacs d'azur, noirs sapins, solitude profonde ;
L'avalanche qui tombe et dont l'écroulement
Du tonnerre produit le sombre roulement.....
Est-il rien de plus beau, de plus grand dans le monde ?

Un soir, nous nous trouvions sur le pic Montanvers ;
Autour étaient assis les colosses divers,
Pensifs, dans une paix par aucun bruit troublée ;

Et les dominant tous surgissait le Mont-Blanc
Qui, le front de lumière encore étincelant,
Présidait, comme un roi, cette haute assemblée.

LES PYRÉNÉES PAU

Même après avoir vu les Alpes et leur masse,
Les monts pyrennéens ont encor le pouvoir
Avec leurs eaux, leurs pics et leurs cimes de glace
De charmer votre vue et de vous émouvoir.

C'est ce que j'éprouvai. Si vous voulez avoir
Un de ces souvenirs qui jamais ne s'efface,
Dans la ville d'Henri venez donc vous asseoir
Sous un chêne du bois qui s'allonge en terrasse.

Le Gave est à vos pieds. Au delà les géants
En cercle sont rangés. Verte ceinture aux flancs,
D'un bandeau blanc le front de chacun d'eux se pare.

Cet horizon superbe et le parc du château
Du grand roi béarnais, selon moi, font de Pau
La plus belle cité de France et de Navarre!

PETITES MISÈRES

I.

Une mouche dans un breuvage ;
La nuit, dans votre chambre, un rat ;
Un ver dans le fruit qu'on partage ;
A l'église, un air d'opéra ;

Au théâtre, le *Libera ;*
Un cheveu sur votre potage ;
Un crapaud que l'on foulera ;
Un hiatus au beau passage ;

Un chanteur qui fausse le ton ;
Un bambin faisant le Caton ;
Un galantin, malgré son âge ;

Un orateur d'estaminet ;
Un ciel trop longtemps sans nuage ;
Un... mais voyez l'autre Sonnet.

II.

Un discours, au lieu d'un sermon,
Que débite un jeune vicaire
Donnant à ses cheveux, pour plaire,
Un tour agréable et mignon.

L'homme qui fait de tout mystère.
Ceux qui n'usent que d'un pronom,
Vous disant toujours : *ma, mes, mon*;
Mon hôtel, mes chevaux, ma terre.

Dans l'ignorance la hauteur ;
Le tableau d'un peintre amateur ;
Le matin, le bruit d'une enclume ;

Du jour de l'an les souhaits plats ;
Dans la maison l'âtre qui fume...
Eh ! mais, on n'en finirait pas !

III.

Un dîner sur l'herbe charmant
Tout à coup fondu par la pluie ;
En un voyage d'agrément
Un compagnon que tout ennuie.

La saison où le firmament
Se peint d'une couleur de suie ;
L'homme dont il faut qu'on essuie
L'interminable boniment.

Autre malheur qui n'est pas mince :
Voir représenter en province
Une œuvre quelleconque en vers ;

Que d'hémistiches de travers !
Oh ! si jamais on m'y repince,
Que l'on me prive de pois verts !

IV.

Votre belle pipe cassée,
Et cela même au bon moment
Où, dans un mol enivrement,
Elle berçait votre pensée.

Les bras croisés, tête baissée,
Vous contemplez piteusement
La pauvrette en morceaux brisée.
Mais... bien plus fort désagrément !

Toute une journée être en chasse ;
Tout le jour, aux rayons brûlants
Du soleil, se battre les flancs ;

S'être promis lapin, bécasse,
Lièvres, perdreaux, cailles en masse,
Et n'avoir tué que le temps !

V.

L'orage qui vous prend en ville
Dépourvu contre l'eau des cieux
De ce petit dôme soyeux,
Comme auroit dit le bon Delille.

Le mistral irrespectueux
Qui, d'une façon peu civile,
Trousse des jupons malheureux,
Souvent vous coiffe d'une tuile.

Quelque chose de très-riant :
La question de l'Orient
Dont se remplit toute gazette

Puis les agricoles concours
Où pleuvent à flots les discours ;
Nouvelle tuile sur la tête !

VI.

Un voisin hargneux et tenace
Qui, pour une vétille, un rien,
Vous cherche noise, et bel et bien
D'un procès toujours vous menace.

Une histoire qu'on vous ressasse ;
L'aboiement continu d'un chien ;
Un café froid, un vin chrétien ;
A la Chambre ce qui se passe.

Le livre récemment paru
Dont, sur certain compte rendu,
L'on se passe la fantaisie ;

De l'art du jour le fruit si beau :
La Fille de Madame Angot!
Et... le tabac de la Régie ! !

VII.

Les cerveaux entêtés, étroits ;
L'été, la mouche qui vous pique ;
La femme parlant politique ;
Un homme à cheval sur ses droits ;

Les conflits dans la rhétorique,
Qui donnent à des riens du poids,
Débitant sur un ton lyrique
Des discours on ne peut plus froids.

Ceux dont le bonheur se concentre
Dans l'estomac et dans le ventre,
Qui donneraient pour un gigot,

Pour un bifteck, une tartine,
Tous les vers de Victor Hugo
Et tous les chants de Lamartine.

VIII.

Arriver trop tôt ou trop tard ;
Un bel habit neuf qu'on vous crotte ;
Être joué par un moutard ;
De certains restaurants la note ;

Les dîners offerts au hasard
Du pot ; ceux d'une table d'hôte
Où, gesticulant, à voix haute,
Pérore Monsieur Gaudissard ;

Puis les accoutrements des femmes,
Des grisettes aux grandes dames,
Ayant pour robes des fourreaux,

Des chapeaux tout à fait risibles,
De coupe et de forme impossibles,
Simulant tout, hors des chapeaux.

IX.

Le dédale obscur de nos lois ;
Leur vaine et stérile abondance,
Formant un nuage si dense
Qu'il nous menace de son poids.

Cette grave jurisprudence
Disant : *Oui, non,* tout à la fois,
Et qui met, par sa discordance
Le jurisconsulte aux abois.

De nos grands auteurs la doctrine
Tombant tour à tour en ruine ;
En un temps certes pas trop long,

Toullier détronné par Troplong,
Qui, très-vanté pourtant, succombe
Sous la plume de Demolombe.

X.

Un travers plus que ridicule :
L'un dont la sotte ambition
Trouvant trop rôturier son nom
Y joint la noble particule ;

L'autre, de meilleure maison,
Qui, sans vergogne et sans scrupule,
Au ruisseau traîne son blason
Et fait sa cour à la crapule...

Ces avisés conservateurs,
Qui volontiers sont aux honneurs
Lorsque le coche roule en plaine,

Mais qui, lorsqu'il s'en va montant,
Vous l'abandonnent haletant,
Ne voulant pas être à la peine.

XI.

Le succès qui, dans toute affaire,
Semble réservé pour les sots ;
La majorité qui préfère
Aux capables les idiots ;

Les politiciens de la bière,
Et de l'absinthe les héros ;
Les diplomates des tripots ;
Les financiers du petit verre.

Puis, ces modernes paladins,
Ces bravis qui, ceignant leurs reins,
Contre Dieu même vont en guerre,

Bien certains de le dégommer...
Mais, pardon, j'allais entamer
Le chapitre *grande misère !*

AU HASARD DE LA RIME

LA LANGUE PROVENÇALE

—

Il est de temps en temps fortement question
D'une chaire nouvelle et toute spéciale,
Où devrait s'enseigner la langue provençale,
Et l'on motive ainsi la proposition :

« Cette langue n'est plus une langue banale,
« L'Allemagne la sait et l'étudie à fond ;
« Le professeur lettré la connaît, s'en régale,
« A ses élèves lit ses auteurs en renom. »

Alors d'où vient que si, par malheur, à l'école,
Un enfant, en patois, hasarde une parole,
Le maître lui formule aussitôt cet arrêt :

« Ah ! ah ! je vous y prends encor, monsieur le drôle,
« Vous parlez provençal ! vingt minutes d'arrêt. »
Ce moyen d'infuser un idiôme est drôle.

MÉTAMORPHOSE

Nobles étaient ses goûts, au sortir de l'école,
Il aimait l'idéal et recherchait le beau ;
Toujours l'enthousiasme enflammait sa parole
Et l'on croyait entendre un petit Mirabeau ;

L'âge vint cependant ; une avidité folle,
L'*auri sacra fames* envahit son cerveau ;
Il ne s'abreuva plus qu'aux rives du Pactole,
La sainte poésie y trouva son tombeau ;

Il s'enfonça de plus en plus dans la matière ;
Elle absorbe aujourd'hui son âme tout entière,
Il ne parle, n'écrit, ne rêve que kilo...

Il hésite, il trébuche à la moindre harangue,
Le malheureux, il a presque oublié sa langue,
Et je me dis : *Quantum mutatus ab illo !*

UN HOTE IMPORTUN.

—

D'où sort,
Cet hôte
Qui saute
Et mord

Qui dort ;
Picote
Sa côte
Si fort ?

O puce
Qui suce
Autant,

Ne fût-ce
Qu'en Prusse,
Va-t-en !

L'AMOUR DU BEAU SE RÉVEILLE

Ils n'ont qu'un dédaigneux regard
Pour ce qui n'est pas industrie ;
Ils brûleraient, ainsi qu'Omar,
Tous les livres d'Alexandrie ;

Ils abhorrent la poésie,
Mais ils prisent très-fort le lard ;
A leurs yeux, une porcherie
Est le *nec plus ultra* de l'art.

Ils convertiraient un parterre
En un champ de pommes de terre,
De l'*utile* partisans chauds ;

Et l'Apollon du Belvedère,
Ils le réduiraient en poussière
Pour en extraire de la chaux.

A UN NOTAIRE DEVENU BERGER

Sans te soucier des propos,
Des lazzis de la multitude,
Un jour, plantant là ton étude,
Tu pris bravement les pipeaux.

Depuis, à travers les coteaux,
Les prés, les champs, la solitude,
Tu vas, conduisant tes troupeaux,
L'esprit exempt d'inquiétude.

Dans ton manteau quand je te vois,
De tes brebis guidant la marche,
Et du bâton et de la voix,

A ton grand air, à ta démarche,
Il me semble que j'aperçois
Des temps passés un patriarche.

L'ABSINTHE

Ce liquide pour toi comme il est attrayant !
Le garçon disparu, tu redoubles la dose ;
Dans ton verre tu vois le monde si brillant !
Cette verte liqueur te le peint tout en rose.

Te voilà, pour une heure, aimable et souriant,
Plus de papillons noirs et plus de front morose ;
Tu sembles plus heureux qu'un pacha d'Orient ;
Faudra-t-il te blâmer, ô buveur ? je ne l'ose.

Mais peut-être l'es-tu de quelques philistins ;
Qu'ils cherchent un sujet à mettre en vers latins,
Ils ne pourront jamais se hausser à ta taille ;

Ils ne goûteront pas ton suprême bonheur,
Car on te voit tomber parfois au champ d'honneur ;
Parfois, l'arme à la main, tu meurs à la bataille,

AVRIL

Ce matin jasait l'hirondelle.
Le rossignol chante à mi-voix.
La rose est en boutons ; je vois
L'aubépine en robe nouvelle.

Une vague senteur décèle
La violette dans les bois.
C'est une sève universelle ;
Tout renaît, revit à la fois.

L'homme, de cette effervescence,
Subit à son tour l'influence ;
Il participe au renouveau ;

Sa force est comme rajeunie ;
Il sent monter des flots de vie
Dans son cœur et dans son cerveau.

L'ORTHOGRAPHE

Nous allons toujours progressant,
Mais jamais, de mémoire d'homme,
Le type de Joseph Prudhomme
N'avait été plus florissant.

On est, comme lui, calligraphe.
On dit très-solennellement
Des riens, et fort correctement
On fait briller..... son orthographe.

Anciennement on écrivait
Sans orthographe, et l'on avait
Beaucoup d'esprit en récompense.

Aujourd'hui, quelle différence !
On met dans son petit écrit
De l'orthographe et point d'esprit.

UN MONSIEUR CHEZ LUI

Il est parlé d'un homme, au Nouveau Testament,
D'un homme qui, rempli de respect et de crainte,
Ayant peur de souiller de Dieu la maison sainte,
S'arrête sur le seuil, s'y prosterne humblement.

L'orgueilleux pharisien, dans le même moment,
Étalant devant tous sa dévotion feinte,
Se tenait en extase au milieu de l'enceinte.
Aujourd'hui dans l'église en est-il autrement?

L'office est commencé ; nombreuse est l'assistance ;
Il entre ; voyez donc qu'elle noble prestance
Il marche lentement, comme ferait un roi.

Il arrive à sa place, et son regard superbe
Qu'il promène sur nous, pauvres petits brins d'herbe,
Semble dire à chacun : Ici, je suis chez moi !

LA FOURMI

—

Gent tenace,
Crocs de fer
Qui ramasse
Paille ou ver;

Jamais lasse,
L'œil ouvert
Pour l'hiver,
Elle amasse,

Met de grain
Son trou plein,
Faisant comme

Pour l'or l'homme,
Le massant,
L'entassant.

L'ART ET LA NATURE

—

Bien qu'elle aborde cinquante ans,
Elle est folle encor de parure
Et passe presque tout son temps
A se créer une figure;

Elle a son fournisseur de dents,
Et de cheveux, et de tournure;
Elle croit être à son printemps
En trompant ainsi la nature.

Mais celle-ci, vengeant son droit,
Perce toujours par quelque endroit
Et de l'art prouve l'impuissance.

Un pas gauche, lourd, empâté
Donne l'âge de la beauté
Mieux que son acte de naissance.

A UN FORT

Tu dis que le hasard a tout fait dans le monde :
La beauté de la terre et la splendeur des cieux ;
Le soleil qui réchauffe, illumine et féconde,
La nuit et ses millions de globes radieux ;

Ces bois verts et l'azur de cette mer profonde;
Le chêne altier, la rose au port si gracieux,
La brise qui murmure et la foudre qui gronde ;
L'éléphant, le ciron presqu'invisible aux yeux ;

Le papillon de soie et le coursier superbe ;
L'aigle, le colibri : le sapin, le brin d'herbe,
Enfin tout !... Mais alors, pour s'entendre, il faut peu

Sur l'être qui créa, qui régit la matière ;
Entre nous c'est le nom seulement qui diffère :
Tu le nommes *hasard*, moi je l'appelle *Dieu*.

REMINISCENCE

—

« Que toujours la raison et la simplicité
« Règlent votre conduite; ayez de la décence
« En votre extérieur et de la propreté.
« Dans la société douceur et complaisance.

« Clarté dans vos discours et surtout vérité.
« Pour la louange et pour le blâme indifférence.
« L'économie avec la libéralité
« Dans l'usage des biens doivent faire alliance.

« Entre ses mains de fer si le malheur vous prit,
« Opposez au malheur une âme encor plus forte. »
Cela, mieux qu'en mes vers, en prose fut écrit.

Qui donc prêche si bien, qui parle de la sorte ?
C'est une grande dame, et ce qu'elle nous dit,
L'a-t-elle pratiqué? pas toujours; mais qu'importe !

LA MOUCHE

—

Elle bourdonne
Joyeusement;
Va, vient, se donne
Grand mouvement.

Quoiqu'assommant,
Je lui pardonne
Son monotone
Bruissement.

Bientôt la folle
Qui mon nez frôle
S'y pose au bout.

L'enfant qu'on gâte
Et que l'on flatte
Se permet tout.

ENTRE DEUX SELLES

Il est grave, il est solennel,
Enchanté de sou petit être ;
Se prosterne au pied de l'autel,
Puis au club on le voit paraître.

Comme son vénérable ancêtre,
S'accommodant avec le ciel,
Il a même bouche de miel,
Et pour l'athée et pour le prêtre.

Au jour du dernier jugement,
Je voudrais bien savoir comment
Se comportera le digne homme.

Figurez-vous son embarras,
Suivra-t-il le damné là-bas,
Ou le juste au divin royaume ?

A Mme X***

(Qui disait aimer toutes les fleurs)

—

Ainsi donc, vous aimez toutes les fleurs, Madame,
Et, tour à tour l'objet de vos nobles soucis,
Chacune également sollicite votre âme ;
Nulle ne peut fixer votre cœur indécis.

La rose vous appelle et l'œillet vous réclame ;
Le dalhia dessine un feston si précis !
Et la pivoine jette une si vive flamme !
Vous ne dédaigneriez pas même les soucis.

Moi, lorsque je vous vois visitant votre serre
Et les riants massifs de votre beau parterre,
Marchant d'un pas léger, à la fois vif et doux,

Je trouve (et l'on a dû bien souvent vous le dire)
Que de toutes ces fleurs, celle que l'on admire
    Et qu'on aime le plus c'est... vous.

LES NOUVEAUX SEIGNEURS

On vend, par suite de malheur,
La terre d'un aristocrate,
Et bien souvent un démocrate
Ayant ces nobles en horreur,

Volontiers s'en fait l'acquéreur.
De s'y prélasser il a hâte ;
Il en perd le sommeil ; son cœur
Dans le vieux manoir se dilate.

Si sur vos pas vous le trouvez,
Très-chaudement il vous invite
A venir voir son nouveau gîte,

Ajoutant toujours : « Vous savez ?
« C'est le château de Lesdiguière ! »
Où donc, où donc est-tu Molière. ?

JUIN

La voilà s'avançant la reine des saisons ;
Elle étale à nos yeux l'écrin de ses merveilles ;
C'est l'époque des fleurs, des oiseaux, des abeilles,
Des arbres chevelus et des riches moissons.

Ce temps a des beautés à nulle autre pareilles ;
Tout se transforme alors jusqu'aux moindres buissons ;
Lui-même, le rocher prend des teintes vermeilles,
La colline revêt son manteau de gazon ;

En tapis de velours s'étendent les prairies ;
Les forêts sur les monts jettent leurs draperies ;
Mais qui dira des nuits le spectacle enchanteur ?

Ces belles nuits de juin, dont la magnificence,
Mieux encor que le jour raconte la puissance
   Et la gloire du Créateur.

CE QUE C'EST QUE DE NOUS

—

Jeune, elle avait, exquise blonde,
L'œil de poésie humecté.
Rêver était sa volupté ;
Manger, pour elle, chose immonde !

Quelle grâce dans sa beauté !
Aux yeux émerveillés du monde
Le jour qu'elle sortit de l'onde,
Ainsi dut paraître Astarté.

Hélas ! dans l'âge mûr elle entre ;
Notre Vénus a pris du ventre ;
Est-ce une femme, est-ce un fagot ?

Elle, autrefois tout idéale,
Aujourd'hui sans pudeur avale
D'énormes tranches de gigot.

LE POETE EN CHASSE

Réveille-toi, poëte, un soleil radieux
Promet pour la journée une abaudante chasse.
Hier on a, dans les bois, vu plus d'une bécasse,
Et de merles tu vas faire un carnage affreux.

Munissons-nous de plomb, de poudre, de filasse,
De vivres, et surtout n'oublions pas Brizeux,
Chantant si bien la lande avec les chemins creux ;
On en lit quelques vers lorsque la jambe est lasse,

Et Nemrod se harnache, et le voilà parti.
Mais son fusil n'a pas un seul coup retenti.
Au pied d'un chêne, auprès d'une source d'eau vive

Il s'installe ; au-dessus jasent les sansonnets,
Et jusques sous son nez vient folâtrer la grive.
Il a relu Marie et tué trois sonnets !

UN BIBLIOPHILE

Sous une heureuse étoile il est né, ce garçon ;
Dans ses bras complaisants la fortune le berce ;
Il fait sans peine aucune un fructueux commerce ;
C'est pour lui, chaque année, une riche moisson.

Il me fit l'autre jour visiter sa maison.
Les glaces de Venise et les tapis de Perse,
Les meubles élégants s'y trouvent à foison ;
Enfin sur tous les points un luxe qui renverse.

Je le félicitai ; je lui fis compliment
Sur la rare beauté de son ameublement,
Plus somptueux cent fois que celui d'un évêque.

— C'est un palais, lui dis-je, et m'y plairais très-fort
Si j'y voyais... — Quoi donc ? — Une bibliothèque.
Il éclata de rire et rit peut-être encor.

LE PAPILLON

Il n'est pas sans grâce
Ce fils du matin ;
Il parcourt l'espace
D'un vol incertain,

Et, jamais en place,
De la rose au thym
Il passe et repasse,
Cherchant son butin.

Sur lui l'or éclate.
De bleu, d'écarlate
Brillent ses habits.

C'est la fleur vivante,
La perle mouvante,
L'animé rubis.

AU CURÉ D'UN PETIT HAMEAU

—

Avec votre savoir et votre intelligence,
Vous pouviez être utile à la grande cité ;
Mais vous aviez l'amour de la simplicité
Et plus de modestie encor que de science,

C'est pourquoi sans regret vous avez accepté
Ce poste peu brillant, cette humble résidence ;
Que dis-je ? il fut l'objet de votre préférence,
Ce rustique hameau, des villes écarté.

Là vous aurez du moins l'étude pour compagne,
De simples entouré, toujours simple comme eux,
Vous pourrez y prêcher, bon curé de campagne,

Ce que Jésus disait un jour sur la montagne :
« Les pauvres d'esprit sont heureux, trois fois heureux,
« Car Dieu leur ouvrira le royaume des cieux. »

LA COMPOSITION

Le temps est pluvieux, la bise déchaînée ;
Restons dans le fauteuil, les pieds sur le chenet.
Comment donc la tuer cette longue journée ?
Allons-nous faire une ode, une idylle, un sonnet ?

Une idylle plutôt, car cela me connaît.
Qu'elle soit naturelle, aisée et bien tournée,
Et de rimes surtout richissimes ornée.
Commençons : mais, hélas ! je ne vois rien de net.

En chemin je m'égare. En vain je sue et souffle
Les yeux obstinément fixés sur ma pantoufle ;
Mon sujet semble fuir toujours devant mes pas.

Ma peine cependant n'est pas toute perdue ;
Si l'idyle cherchée échappait à ma vue,
Je trouvais ce sonnet que je ne cherchais pas.

CE QUE L'EUROPE NOUS ENVIE

Le bureaucrate est rogue, affecte le mystère ;
On l'aborde en tremblant, c'est un vrai hérisson.
Ils vous reçoivent tous de la même façon ;
   C'est, paraît-il, réglementaire.

Dans notre belle France aussi regarde-t-on
   Comme heureux le propriétaire
   N'ayant jamais aucune affaire
A régler avec une administration.

Or, on n'en connaît pas de plus paperassière,
De plus méticuleuse et de plus tracassière,
Se donnant plus de morgue et plus d'autorité ;

Non, non, il n'en est point de plus collet-monté,
Ayant l'air plus hautain, les formes plus pincées
Que... Son nom n'est-il pas dans toutes les pensées ?

LE JEU DE BILLARD

Ce jeu, de la façon qu'on le joue à présent
Diffère de celui que vit notre jeune âge ;
Pour l'amateur il est bien moins intéressant,
Car l'adresse est réduite au seul carembolage ;

Que le système ancien nous plaisait davantage !
Des coups de cinq, de sept le rendaient amusant,
Et je regretterai toujours le beau tapage
Que faisait dans la blouse un bloc retentissant.

O billard primitif, forme patriarchale !
De l'un à l'autre bout long était l'intervalle ;
C'était comme un arpent de pré son tapis vert.

La bille parcourait une telle étendue,
Qu'aux points visés avant qu'elle se fût rendue,
    On aurait pu dire un *Pater*.

LE JEU DE BOULES

Ils sont trois contre trois : émouvante partie !
La même valeur brille en l'un et l'autre camp ;
On y remarque aussi pareille modestie ;
On ne sait pas lequel est le plus provoquant.

La force des deux parts est si bien répartie
Qu'on se suit point par point ; chaque joueur marquant
Se donne à tour de rôle un air de Gengiskan ;
Eh ! eh ! c'est qu'il s'agit d'une dinde rôtie.

Mesurant leurs trois pas réglementairement,
Les pointeurs sur le but pointent très-gravement,
Tandis que les tireurs, vaillants hommes de guerre,

Mirent longtemps la boule et ne la manquent guère.
Quelle joie au parti qui reste le vainqueur !
Il est rayonnant ; l'autre a la mort dans le cœur.

L'HIRONDELLE

—

Au delà de la mer
Un sûr instinct la guide ;
Elle, oiseau si timide,
Franchit le gouffre amer.

Dans son vol intrépide,
Vois comme elle fend l'air :
La flèche est moins rapide
Et moins prompt est l'éclair.

Elle rase la terre
Quand elle fait la guerre
Aux insectes divers ;

En volant, elle happe
Ce que son bec attrappe :
Des mouches ou des vers.

A M. X... AU BORD DE MER

Là bas coulent vos jours embellis par l'étude ;
Vous errez sous les pins, ou, du haut d'un rocher,
Le soir, quand le soleil est prêt à se coucher,
Vous contemplez la mer, splendide solitude ;

Ensuite descendant de la montagne rude,
Votre ligne à la main, vous allez allécher
Le poisson qui, bon prince, et prompt à s'accrocher,
Est savouré le soir avec béatitude.

Je voudrais bien me rendre à votre aimable appel ;
Mais comment de juillet braver le chaud mortel ?
Que de quelques degrés le thermomètre baisse ;

Que le tiède septembre arrive seulement,
Et je tombe sur vous ; puis vous verrez comment
Tombe un homme affamé sur une *bouillabaisse*.

UNE PENSÉE JUSTE

Une juste pensée?... Eh ! quoi,
Vous vous jugez ainsi compère ?
C'est au lecteur qu'on s'en réfère.
Vous avez bien raison, ma foi ;

Aussi je me hâte de faire
L'aveu qu'elle n'est pas de moi.
Savoir de qui n'est pas l'affaire.
Donc, ami, tranquillise-toi.

« Combien de gens boivent et mangent
« Font des achats, vendent, échangent,
« Bâtissent, font des compromis ;

« Vont, viennent, badinent ou pleurent,
« Naissent, croissent, vivent et meurent,
« Et cela, toujours endormis.

L'HOMME CHIFFRE

La forêt n'est pour lui qu'une chose qui rend
Tant de fagots par jour ; et la limpide source
N'est qu'un moteur qui met sa roue en mouvement.
Il suppute au repos, en marchant, à la course,

Au théâtre, à l'église, aussi bien qu'à la bourse ;
Il calcule en mangeant, voire même en dormant,
Le moindre gain l'enivre, et naturellement,
Quand il perd un centime, il rugit comme une ourse.

Ce grand compteur n'omet de compter qu'avec Dieu.
Mais lorsqu'arrivera l'heure sombre et suprême
Où l'homme est bien forcé de quitter ce qu'il aime

Et de dire à ce monde un éternel adieu,
Pourra-t-il bien alors comprendre ce Barrême
    Qu'il était faux... et pas de peu !

LE CHAT

J'aime assez ta gentillesse,
Le lustre de ton poil gris
Et j'admire ta souplesse
En pinçant une souris.

Pour cela tu vaux ton prix,
Volontiers je le confesse ;
Mais on bientôt compris
Que ta nature est traîtresse.

Souvent avec ton ron-ron,
A frôler mon pantalon
Tu prends un plaisir extrême.

Va, je sais fort bien pourquoi.
Tu viens te frotter à moi,
Pour te caresser toi-même.

INTER POCULA

C'est là qu'ils siégent, là qu'ils ont leur tribunal,
Que des pauvres rimeurs ils jugent tous les crimes.
Lorsqu'ils ont relevé surtout deux ou trois rimes
Faibles, ces délicats pensent se trouver mal.

Esprits d'ailleurs si hauts, si profonds, si sublimes
Que tout leur paraît fade, insipide ou banal;
De la science ils ont vu, sondé les abîmes,
Car ils lisent toujours et toujours... leur journal !

Ces braves pourfendeurs de points et de virgules,
Quand nous montreront-ils, négligeant leurs férules,
L'œuvre qu'ils ont pondu, ce travail de géant?

Un jour, voudront-ils bien, à la fin, nous surprendre?...
A voir un merle blanc on pourrait bien s'attendre ;
Mais le moindre écrit d'eux?... Va voir s'ils viennent, Jean!

LA CANICULE

Le soleil au zénith monte, il est accablant.
Un grand silence règne, et seule la cigale
Sous la voûte de feu chantonne et se régale.
Le ciel n'est plus d'azur, il est devenu blanc.

Tout paraît confondu dans une teinte égale.
La campagne au loin fume et le sol est brûlant,
Et les mulets rendus, soufflant par intervalle,
Ne peuvent plus tracer le sillon qu'à pas lent.

L'ombrage est sans fraîcheur ; la feuille est immobile ;
Votre intérieur n'est qu'un refuge inutile ;
Vous essayez de lire ; avec bien de l'effort

On épèle les mots. La lourde canicule
Dans vos sens allanguis le sommeil inocule,
Et sur le livre ouvert, affaissé, l'on s'endort.

PER FAS ET NEFAS

—

Il arriva de son village
Avec quelques maravédis ;
Et maintenant, il a, je gage,
Quelques millions, peut-être dix.

On lit ces mots sur son visage :
Moi je suis riche, cadédis!
Et, s'il osait, il mettrait six
Grands chevaux à son équipage.

Pour s'arrondir à ce point là,
Comment donc s'y prit-il ? Voilà
Ce que tout bas on se demande.

Dame ! l'on n'est pas un Caton.
Et puis, jamais se pendit-on,
Pour avoir fait la contrebande?...

MON JARDIN

Je crois qu'avec cent pas on en ferait le tour.
Une pelouse, c'est tout ce qui le compose.
Sa spirale décrit un gracieux contour ;
Ses trois massifs ne sont que trois touffes de rose

De grands chemins sablés serpentent tout autour ;
Sur un cercle de fleurs la fontaine repose ;
Pour y boire parfois la colombe s'y pose ;
Sa triple vasque pleure ou chante nuit et jour.

Deux platanes géants, au vaste et haut feuillage,
Des rayons du soleil arrêtent le passage,
Plaquant sur la maison leurs larges rideaux verts.

C'est là que bien souvent s'écoule ma journée
Entre un livre et le soin du parterre ordonnée ;
J'y trouve la fraîcheur ; de temps en temps des vers.

DISSONNANCE

On venait de donner la bénédiction.
Dans la nef se pressait l'assistance innombrable.
Grave et profonde encore était l'impression,
Lorsque l'orgue joua (la chose est incroyable),

La valse de *Robert,* oui de *Robert le Diable* ;
Et l'artiste y mit tant d'entrain, d'expression,
Que je vis le moment où, par l'impulsion,
L'auditoire valsait la valse abominable.

Heureusement cessa le motif infernal.
De ses trépignements non encore remise,
La foule s'écoula bruyante et comme grise.

Organiste, mon bon, si ça vous est égal,
Tâchez donc de ne pas faire ouïr dans l'église.
Des airs que l'on ne doit entendre qu'au Vauxhall !

LE CHIEN

Des amis voici le modèle,
Franc, désintéressé ; surtout
Soumis, obéissant, fidèle ;
Au moindre signe, il est debout.

Si la voix du maître l'appelle,
Il trépigne aussitôt, il bout ;
Le feu brille dans sa prunelle ;
Et s'il commande, il brave tout.

Il semble n'avoir qu'une envie,
Celle de lui donner sa vie ;
Et son humeur est tellement

Pour lui compatissante et bonne,
Qu'il portera le dévoûment
Jusqu'à lui servir d'Antigone.

OCTOBRE

S'il est charmant, avril, si l'on se sent heureux
De voir autour de soi la nature renaître,
Octobre arrive avec son cortége nombreux
De plaisirs variés, il faut le reconnaître.

Dans les veines circule un sang plus vigoureux ;
Tout vous invite alors et concourt au bien-être ;
Déjà pour le gourmet commencent à paraître
La truffe, le gibier et les fruits généreux.

Le bois s'est émaillé de feuilles jaunissantes ;
Le peintre voyant là des teintes ravissantes
S'arme de sa palette et saisit son pinceau.

Dans la même forêt que notre artiste admire,
Le chasseur, lui, ne voit, ne recherche et ne mire
Que la seule bécasse, un excellent morceau !

LE REVERS DE LA MÉDAILLE

— C'est un grand esprit, son rival.
— Tant mieux ! son affaire est réglée.
En effet, l'on nomme d'emblée
L'autre, un fruit sec, mais radical.

Il se rend à cette assemblée,
Notre premier conseil local ;
Son âme de joie est comblée ;
Il y prend un air magistral.

Mais quand il arrive une affaire
Où l'on est obligé de faire
Preuve de son petit babil,

Il n'est plus sur un lit de rose,
Et doit se trouver, je suppose,
Comme saint Laurent sur son gril.

POETES ET CHASSEURS

—

Poëtes et chasseurs, même ardeur les dévore ;
A peu de chose près, semblable est leur destin.
Tous deux aiment à voir le lever de l'aurore,
A respirer l'air pur, embaumé du matin.

Autre conformité qui les rapproche encore ;
Chacun de son côté se propose un butin :
Celui-ci, le sonnet, celui-là le lapin ;
L'un la rouge perdrix, et l'autre un vers sonore.

Et les voilà vaguant, et, loin de tout sentier,
Remplissant à l'envi : le tireur, son carnier ;
Le rêveur, un album que de noir il barbouille.

Quelquefois cependant le temps n'est pas d'humeur
Et, tout comme Nemrod alors notre rimeur
    S'en retourne le soir, *bredouille*.

NAIVETÉ

Un pharmacien acheta
Un beau jour, une belle terre.
En bonne forme le notaire
Sur minute le constata.

Lorsqu'il eut terminé l'affaire,
Notre acquéreur lui demanda
Ce qu'il devait pour le contrat,
Timbre, débours, frais, honoraire.

Le tabellion sur un bout
De papier lui détaille tout.
« C'est bien, lui dit l'homme au clystère,

« Votre note, rien n'en rabats ;
« Au moins, vous ne nous faites pas,
« Vous, des comptes d'*apothicaire*.

A LA VILLE

—

Qu'on ne me parle plus du séjour de la ville ;
Rien de plus ennuyeux et de plus assommant ;
La nuit, comme le jour on n'est jamais tranquille ;
Incessante rumeur, éternel mouvement ;

Voitures, omnibus, charrettes à la file ;
L'orgue de Barbarie avec son miaulement ;
Le luxe fastueux et la misère vile ;
Un baptême croisé par un enterrement ;

De splendides cafés et des bouges infâmes ;
Là l'église où l'on prie ; un peu plus loin des femmes
Dont le flot impudique inonde le trottoir ;

Et dans d'obscurs recoins des échappés du bagne
Qui guettent votre montre, ou bien votre mouchoir...
Ah ! monsieur, parlez-moi plutôt de la campagne !

A LA CAMPAGNE

Nous l'habitons enfin cette chère campagne ;
Mais, entre nous, je crois qu'on serait mieux au bagne.
Où sont-ils, s'il vous plaît, ces plaisirs enchanteurs
Que décrivent si bien les poëtes menteurs ?

Un beau matin, dispos, gravissant la montagne,
De l'aurore je vais admirer les couleurs ;
L'orage me surprend au sommet, et j'y gagne
D'être depuis vingt jours tout perclus de douleurs.

Une autre fois, voulant goûter la rêverie
Je m'assieds mollement sur la verte prairie ;
Horreur ! je sens sous moi remuer un serpent.

Que trouve-t-on ici ? Rhumatisme et reptile ;
C'est trop de la moitié, criai-je, en décampant !
Ah ! Monsieur, parlez-moi bien plutôt de la ville !

CHANGEMENT A VUE

Vous suivez un chemin, allant à l'aventure ;
La montagne d'abord n'a rien de merveilleux,
Mais bientôt son aspect a changé de nature ;
Un petit coin plein d'ombre a captivé vos yeux.

Là, d'une eau jaillissante on entend le murmure ;
On doit y respirer un air délicieux ;
Un joli pavillon caché dans la verdure
Vous sourit ; on voudrait ne plus quitter ces lieux.

Ravi, vous demandez le nom de l'heureux maître
De ce site enchanteur ; on vous le fait connaître ;
C'est le nom exécré d'un homme au cœur de fer.

Tout votre enthousiasme alors tombe et se fige ;
Je ne sais trop comment disparaît le prestige :
C'était un paradis, ce n'est plus qu'un enfer.

L'ANE

(Sa réhabilitation)

—

Toi que l'on conspue et que l'on méprise ;
Que chacun bafoue et que l'enfant bat ;
Que l'on voit toujours revêtu du bât,
Je viens te venger, car moi je te prise.

J'admire toujours ta taille bien prise,
Ta sobriété, ton goût délicat,
Ton œil si bénin et ta robe grise,
Ton cœur patient, doux, que rien n'abat.

Je t'aime surtout, mon cher petit âne
Et te suis des yeux quand tu portes Jeanne.
Ton joli museau fin et velouté

S'écarquille alors ; tu dresses l'oreille ;
Toute ta fierté s'émeut, se réveille
En voyant sur toi siéger la beauté.

RETOUR SUR SOI-MÊME

De tous les honneurs on m'ouvre la porte.
Me voilà l'un des premiers de l'endroit,
Et très-entendu le peuple me croit.
Mais, si je le suis, le diable m'emporte!

Aller me fourrer dans ce poste, moi?
Or ça, mes amis, la chose est trop forte;
Comment voulez-vous que je m'y comporte?
Quand je ne connais pas la moindre loi?

Véritablement, avec mes comparses
De même acabit, nous jouons des farces
Dignes en tous points d'un nouveau lutrin.

C'est, prétendez-vous, le vœu populaire,
Et moi je vous dis que c'est la galère,
Et que vous m'avez mis dans le pétrin!

TONSOR

La gent coupant barbe et cheveux,
On le sait, fut toujours loquace.
Elle pérore, elle jacasse,
C'est un besoin impérieux ;

Sa langue jamais ne se lasse.
C'était ainsi chez nos aïeux.
Il faut, lecteur, que je te fasse
Part d'un trait assez curieux :

J'ai lu qu'un jour un homme entra dans la boutique
D'un barbier. Celui-ci reçoit bien sa pratique ;
Sur le fauteuil *ad hoc* il l'aide à s'installer ;

Et puis, l'interpellant, non sans beaucoup d'emphase,
Lui dit : Monsieur, comment voulez-vous qu'on vous rase?
      L'autre répondit : *Sans parler*.

UNE RENCONTRE

—

Un jour je promenais aux champs ma rêverie.
Grippeminaud paraît au détour du chemin.
Il m'aborde, et voyant que j'avais à la main
Un volume, celui de l'auteur de Marie :

« Des vers, dit-il, avec son accent patelin,
« On connaît ça ; quand l'un se termine en *prairie*,
« L'autre immanquablement a pour rime, *fleurie*.
« Versifier, mon cher, ce n'est pas plus malin.

« Il n'est, à mon avis, dans la littérature
« Qu'un genre sérieux, et c'est la procédure ;
« Rien ne peut l'égaler, soyez-en convaincus.

« Que sa prose a du poids ! comme une épaisse crème,
« Elle remplit la bouche, en remplissant de même
« Votre caisse, *Mossieu*, de beaux et bons écus !!! »

UN EXAMEN DE DROIT

Trois bons étudiants étaient sur la selette.
Un examinateur fort gravement leur dit :
— Messieurs, comment doit-on jouir de l'usufruit?
Le premier, l'œil en l'air, reste bouche muette.

Le second fait de même, il demeure interdit.
Chez le troisième enfin ignorance complète.
Le professeur alors sur sa chaise bondit,
Et leur pose en ces mots la question très-nette :

« Je suppose que j'aie trois ânes devant moi ;
« J'en suis l'usufruitier, que m'impose la loi? »
Point de réponse ; en vain le maître s'égosille ;

Tout d'un coup: « Ah ! j'y suis, dit un des candidats,
« Vous devez jouir en bon père de famille ! »
Ainsi le veut le code; il ne se trompait pas.

LE CHEVAL

(Tiré du livre de Job)

—

Dieu s'adressant à Job, disait lui-même : Vois
Cet animal fougueux et sa forme divine ;
Admire sa vigueur. Lorsqu'il entend la voix
Des combattants le feu lui sort de la narine.

Rien ne peut l'arrêter. Les sonores carquois
Qui viennent effleurer sa sanglante poitrine ;
Le glaive nu, les dards, javelot, javeline,
    Sur lui tout résonne à la fois.

Le tumulte ne fait que grandir son courage ;
Il se plaît dans l'horreur et les cris du carnage,
Et dans l'ébranlement, le choc des bataillons.

Quand le signal éclate et la trompette sonne,
Il a soif du combat, il bondit, il frissonne ;
    Tout en lui semble dire : Allons !

A LA SUITE D'UN CONVOI FUNÈBRE

— Eh bien, mon cher, comment as-tu trouvé Gounod?
— Délicieux, parfait, jamais salle si pleine !
— Je lui préfère Auber et son *Noir Domino*.
— Ce que j'aime avant tout, moi, c'est la *Belle Hélène*.

— Vous savez ? j'ai gagné Pancrace au domino.
— Vraiment ! il a dû faire une mine vilaine.
— Tout à l'heure, à ses frais, nous boirons un pernod.
— Tiens comme elle est jolie aujourd'hui Magdeleine !

Ils devisent ainsi, fort gais, jusqu'au moment
Où, dans l'enclos funèbre entre l'enterrement.
Des amis du défunt s'emplit le cimetière,

On croirait voir ici la ville tout entière,
Sur ce nombre pourtant je n'en ai pas vu dix
A genoux, pour le mort, dire un *De profundis*.

DÉCEMBRE

Décembre ! ce mot seul vous donne le frisson.
Comme tout est changé ! La terre est froide et nue ;
De son manteau la neige a couvert l'étendue ;
La rivière est muette et n'est plus qu'un glaçon.

Le ciel bas, ténébreux, se trouve à l'unisson ;
Rien dans le blanc désert ne bouge et ne remue,
Si ce n'est un corbeau, volant, l'aile tendue,
Noir accent circonflexe au bout de l'horizon,

L'affreuse solitude et le morne silence
Soulèvent dans votre âme une tristesse immense ;
La nature ressemble au mort sous son linceul,

Pour vous rasséréner il est un sûr remède ;
Le foyer, un poëte arrivent à votre aide,
Votre cœur s'y réchauffe et vous n'êtes plus seul.

UN JEUNE GARDE

Non, ce n'est pas un vil barbet !
Il est de la race voulue,
La race pure du loubet :
Robe fauve et gorge velue ;

Petit, en peloton bombé,
L'œil brillant, l'oreille pointue,
Et toujours en avant tendue,
Le nerf caudal bien recourbé.

Deux mois à peine forment l'âge
Du nouveau garde au blond pelage
Dont pour cinq francs j'ai fait l'achat.

Il a de l'enfance la grâce,
Et d'un jeune lion l'audace ;
Ne fait-il pas trembler mon chat ?...

LA CARTE A PAYER

Tel à Paris n'a dans la poche
Pas un simple maravédi
Qui cependant toujours raccroche
Quelque bon repas. Or voici

De quelle manière s'y prit
Un des enfants de la basoche,
Son déjeuner fait, il s'approche
Du restaurateur, et lui dit :

Il doit vous arriver qu'un consommateur parte
Sans vous avoir payé le montant de sa carte ;
Que faites-vous alors ? — Si l'un de ces filous

M'attrape, je me paye en lui flanquant ma botte
Quelque part. — Aussitôt, troussant sa redingote,
L'étudiant se tourne et lui dit : Payez-vous.

SUITE

Un jour à dîner on l'invite ;
Le repas était somptueux ;
Notre héros s'habille vite,
S'y rend d'un bond impétueux.

Il prend place tout radieux.
Ici le vin n'est point un mythe ;
Il compte les verres nombreux
Mis pour chacun ; son cœur palpite.

On commence ; le vin à la ronde est offert,
Et notre étudiant tend son plus petit verre.
« Pardon, dit le servant, c'est du vin ordinaire,

« Et c'est dans le plus gros que ce vin là se sert. »
— Raison de plus, mon cher, le petit fait l'affaire,
« Je réserve le grand pour les vins de dessert. »

NOUVELLE MALADIE

—

Toujours plus rudement la colère céleste
S'appesantit sur nous ; qui donc l'appaisera ?
En Orient on parle encore de la peste
Et dans notre occident veille le choléra.

Le sol même est sous une influence funeste ;
Après l'oïdium vient le phylloxera ;
C'est chaque jour qu'un mal nouveau se manifeste ;
Mais le dernier venu sur tous l'emportera.

On ne sait pas le nom de cette maladie ;
Disons, pour être vrai, de cette épidémie
Qui véritablement des fléaux est le roi.

Elle marche à grands pas et partout se révèle,
Elle envahit tout cœur, trouble toute cervelle.
On pourrait l'appeler : *le gonflement du moi !*

SUITE

Mais il faut le considérer
Dans Gorgibus; quelle démence!
On ne saurait le mesurer,
Ce gonflement, il est immense.

Voyez un peu cette assurance
Quand il se met à pérorer;
Il n'est que sa rare ignorance
Que l'on pourrait lui comparer.

C'est un juge vraiment terrible,
Faisant fi du pape infaillible,
Imposant son autorité;

Le contredire, lui? qu'on l'ose!
Son moi ne connaît qu'une chose...
Sa propre infaillibilité!

CAUCHEMAR

—

Je rêvais l'autre nuit que j'étais dans une île
Où tout allait fort mal et sens dessus dessous ;
Où dans la bergerie on enfermait les loups ;
Où gouvernants poussaient à la guerre civile

Et devant l'étranger se mettaient à genoux ;
Où la vertu, l'esprit étaient chose inutile ;
Où l'honnête homme était berné par les voyous ;
Où l'on comblait d'honneurs la jactance imbécile.

De sueur mon front se baignait ;
Le rêve au cauchemar tournait,
Si bien qu'en sursaut je m'éveille,

En me disant : Dieu, quels excès !
Qu'on est heureux d'être Français !
Voit-on chez nous chose pareille ?...

LE CHATEAU

Il est majestueux avec ses quatre tours,
Et d'une architecture imposante et sévère.
Hermétiquement sont fermés ses abat-jours;
Le parc s'étend au loin, vaste mais solitaire.

Qu'il est beau le jardin, et quel riche parterre!
Si la grille de fer n'attristait ses contours!
Tout s'harmonise avec la résidence austère;
Un silence profond remplit les alentours.

Personne nulle part; mais non, dans le bois sombre
Le maître de céans a glissé comme une ombre,
Tête basse, et le front plissé par un souci;

Il traverse l'allée avec un air morose,
Cet air qu'autour de lui respire toute chose;
Fuyons, car le bonheur n'habite point ici.

LA FERME

Quel joyeux mouvement, seigneur, et quelle vie !
Les valets du travail sont de retour ; les bœufs
Arrivent lentement, s'avançant deux à deux ;
De bêlements confus s'emplit la bergerie.

La servante du puits fait grincer la poulie ;
Le canard qui barbotte en son fossé bourbeux
Pousse un cri nasillard ; la poule glousse et trie
Son fumier ; les pigeons se becquettent entre eux.

Au dedans, sur la table, un lait couvert d'écume ;
Dans un immense plat une soupe qui fume
Et dont la saine odeur vous a de loin saisi,

La fermière qui vaque aux soins de cet empire
Et le gouverne avec un frais éclat de rire...
Oh ! n'allons pas plus loin, le bonheur est ici !

LE DÉMON DES VERS

Je plains le malheureux que ce diable-là suit.
Il tourmente à plaisir, ensorcelle la vie ;
Vous harponne et, pareil au songe d'Athalie,
On l'évite partout, partout il vous poursuit.

Il vous traque le jour, il vous pince la nuit ;
Près de votre oreiller fait asseoir l'insomnie,
Vous étreint, vous absorbe au point que l'on oublie
Le boire et le manger, qu'on est sourd à tout bruit.

En vain le chaud sévit, en vain souffle la bise,
Sans relâche il est là. Voyagez, le démon
Avec vous s'introduit dans le même wagon ;

Vous accompagne, hélas ! même au sein de l'église.
Toujours vous chuchotant des vers bons ou mauvais.
L'implacable bourreau ne vous lâche jamais.

A J. AUTRAN

Esprit fin, charmant, poëte de race,
Variés de ton, tes nombreux essais,
Tu ne les comptas que par des succès,
Et d'eux le lecteur jamais ne se lasse.

Brillant et hardi, sans aucun excès,
Virgile parfois, plus souvent d'Horace
Tu sais nous montrer le piquant, la grâce.
Qui ne t'aime point n'est pas né français.

Un grave écrivain, (c'est à n'y pas croire!)
De ta poésie a fait peu de cas.
Ils n'ont pu ses traits atteindre ta gloire.

Plus d'un immortel ne survivra pas!
Tandis que tes chants, vainqueurs du trépas,
Tes chants resteront dans toute mémoire.

TABLE DES MATIÈRES

	pages.
Préface	3
La Provence, sa position géographique	5

LA PROVENCE VUE A VOL D'OISEAU

	pages.		pages.
Sur la Montagne des Alpines	9	Saint-Michel-de-Frigolet	21
La Mer	10	La Fontaine de Vaucluse	22
La Camargue	11	La Sainte-Baume	23
La Crau	12	Gemenos	24
Le Rhône	13	La Fare. — Poujoulat	25
La Durance	14	Le Luberon. — J. Autran	26
Les Angles. — Pont-Martin	15	Sainte-Victoire	27
Avignon	16	Salon	28
Arles	17	Martigues	29
Tarascon	18	Aix	30
Les Baux	19	Marseille	31
Maillane. — F. Mistral	20		

LES HOMMES ILLUSTRES DE LA PROVENCE

	pages.		pages.
Le Roi René	35	Esménard (poëte)	41
Vauvenargues	36	Puget	42
Entrecasteaux	37	Belzunce	43
Vanloo	38	Le chevalier Roze	44
Barthélemy (l'abbé)	39	Joseph Autran	45
Massillon	40	Berryer (sa Statue à Marseille)	46

LES HOMMES ILLUSTRES DE SALON

	pages.		pages.
Court Avant-Propos	49	Craponne (auteur du canal de ce nom)	55
César Nostradamus (auteur d'une histoire de Provence)	51	Nostradamus Michel	56
Le bailli de Suffren	52	Aublet (Botaniste)	57
D'Hozier	53	Michel (Maréchal-Ferrant)	58
Lamanon Paul	54		

CHATEAUX ET MONUMENTS

	pages.		pages.
Le Château de Salon	61	Le Château d'Eau de Longchamp (à Marseille)	67
Le Château de Richebois	62	Roquefavour	68
Le Château de Labarben	63	Notre-Dame de la Garde (à Marseille)	69
Le Château du Vernègues	64		
Le Château de Lamanon	65		
L'église St-Laurent (à Salon)	66		

SCÈNES DE LA VIE RUSTIQUE EN PROVENCE

	pages.		pages.
Les Vers à Soie	73	La Vendange	85
Le Déramage	74	La Cueillette des Olives	86
Le Tirage de la Soie	75	Le Moulin à Huile	87
Le Labour	76	La Foire au Village	88
Les Faucheurs	77	La Farandole aux flambeaux (lou Raplaù)	89
Les Moissonneurs	78	La Course des Taureaux	90
L'Aire	79	La Battue aux Macreuses	91
La Cueillette des Amandes	80	Noël	92
Le Miel	81	Les Rogations	93
Le Troupeau partant pour la Montagne	82	La Veille de la Saint-Jean	94
Le Troupeau dans la Montagne	83	La Fête-Dieu	95
Le retour en Crau	84	La Saint-Eloi	96

UN PARDON EN PROVENCE

	pages.		pages.
Origine du Pardon	99	L'Ascension	102
Le Départ	100	La Messe	103
La Procession	101	Après	104

PAYSAGES PROVENÇAUX OU PROMENADES AUTOUR D'UNE PETITE VILLE DE PROVENCE

	pages.		pages.
Roque Rousse	107	La Source	114
A la Val d'Aqua (au mois de mai)	108	Le Dîner sur l'Herbe	115
A Salonnet (l'ancien emplacement de Salon)	109	Promenade du Matin	116
		Promenade du Soir	117
A Saint-Pierre	110	Promenade la Nuit	118
A Thalagard (le Sauvage)	111	L'Orage	119
		La Promenade du Dimanche	120
A la Belle d'Argent (au mois de mai)	112	Les Fruits de la Provence	121
A Notre-Dame	113	Le Mistral	122

SONNETS PROVENÇAUX

	pages.		pages.
Au Letour	125	Uno Luno de Meù	134
Lis Eirétie	126	Lou Passoport	135
Lou Sounet de Desbarau (revira en vers prouvençaù)	127	La Quisto	136
		Uno bravo Fio	137
A F. Mistraù	128	La Rimo richo	138
Après	129	Se plagnen pas (à-n-un Félibre)	139
La Sureta publico	130	A Zoïlo	140
Grando Vitesso	131	La maniero relevo lou benfa	141
Un Legatari	132	A Tounin	142
Lou Sermoun	133		

QU'AUQUEI FABLO DE LA FONTAINE
REVIRADO EN VERS PROUVENÇAU

	pages.		pages.
A Jean L***...............	145	Lou Reinard, lou Loup et lou Chivau................	150
Lou Maunier, son Fieù et l'Aï................	147	Leis Animau attaqua dé la pesto	152

SOUVENIRS D'ITALIE ET DE LA SUISSE.

	pages.		pages.
Avis au Lecteur............	158	Milan................	173
Nice....................	161	De Milan à Turin.........	174
Monaco..................	162	Turin.................	175
De Nice à Gênes...........	163	Le Mont-Cenis...........	176
Gênes...................	164	Les Charmettes..........	177
Rome....................	165	Genève................	178
Le Moïse de Michel-Ange (à Rome)................	166	Ferney................	179
		Fribourg..............	180
Tibur-Horace.............	167	Berne.................	181
Naples...................	168	Sur le lac de Thoun.......	182
Pompeï..................	169	Le Guicsbagh...........	183
Florence.................	170	La Chute de l'Aar.........	184
La Vénus de Médicis (à Florence)................	171	Les Alpes..............	185
		Les Pyrénées Pau........	186
Venise..................	172		

PETITES MISÈRES.......... 187

AU HASARD DE LA RIME

	pages.		pages.
La Langue Provençale	203	Inter Pocula	235
Métamorphose	204	La Canicule	236
Un Hôte Importun	205	Per fas et nefas	237
L'amour du beau se réveille	206	Mon Jardin	238
A un Notaire devenu Berger	207	Dissonnance	239
L'Absinthe	208	Le Chien	240
Avril	209	Octobre	241
L'Orthographe	210	Le revers de la Médaille	242
Un Monsieur chez lui	211	Poëtes et Chasseurs	243
La Fourmi	212	Naïveté	244
L'Art et la Nature	213	A la Ville	245
A un Fort	214	A la Campagne	246
Réminiscence	215	Changement à vue	247
La Mouche	2 6	L'Ane (sa réhabilitation)	248
Entre deux Selles	217	Retour sur soi-même	249
A Mme X*** (qui disait aimer toutes les fleurs)	218	Tonsor	250
		Une Rencontre	251
Les nouveaux Seigneurs	219	Un Examen de Droit	252
Juin	220	Le Cheval (tiré du livre de Job)	253
Ce que c'est que de nous	221		
Le Poëte en chasse	222	A la suite d'un convoi funèbre	254
Un Bibliophile	223	Décembre	255
Le Papillon	224	Un jeune Garde	256
Au Curé d'un petit hameau	225	La Carte à payer	257
La Composition	226	Suite	258
Ce que l'Europe nous envie	227	Nouvelle Maladie	259
Le jeu de Billard	228	Suite	260
Le jeu de Boules	229	Cauchemar	261
L'Hirondelle	230	Le Château	262
A M. X... au bord de Mer	231	La Ferme	263
Une pensée juste	232	Le Démon des vers	264
L'Homme chiffre	233	A. J. Autran	265
Le Chat	234		

Aix. — Imprimerie J. NICOT, rue du Louvre, 16. — 8469.

www.ingramcontent.com/pod-product-compliance
Lightning Source LLC
Chambersburg PA
CBHW050338170426
43200CB00009BA/1640